[英国]约翰·戈达德 约翰·O. S. 威尔逊 著 李瑶光 译

银行学

牛津通识读本·

Banking

A Very Short Introduction

译林出版社

图书在版编目（CIP）数据

银行学 /（英）约翰·戈达德（John Goddard），（英）约翰·O. S. 威尔逊（John O. S. Wilson）著；李瑶光译．—南京：译林出版社，2021.9
（牛津通识读本）
书名原文：Banking: A Very Short Introduction
ISBN 978-7-5447-8771-0

I.①银… II.①约… ②约… ③陆… III.①银行业 IV.①F830.3

中国版本图书馆 CIP 数据核字（2021）第 124278 号

银行学　［英国］约翰·戈达德　约翰·O. S. 威尔逊 / 著　李瑶光 / 译

责任编辑　陈　锐
装帧设计　景秋萍
校　　对　戴小娥
责任印制　董　虎

原文出版　Oxford University Press, 2016
出版发行　译林出版社
地　　址　南京市湖南路 1 号 A 楼
邮　　箱　yilin@yilin.com
网　　址　www.yilin.com
市场热线　025-86633278
排　　版　南京展望文化发展有限公司
印　　刷　江苏扬中印刷有限公司
开　　本　635 毫米 × 889 毫米　1/16
印　　张　19.75
插　　页　4
版　　次　2021 年 9 月第 1 版
印　　次　2021 年 9 月第 1 次印刷
书　　号　ISBN 978-7-5447-8771-0
定　　价　39.00 元

序　言

彭兴韵

银行是老百姓身边最多，也是人类历史上最早出现的金融机构，它伴随着经济社会的发展和技术的变革而不断演变，并对社会进步、技术创新、社会福祉改善曾经发挥了且仍将发挥着极其重要的作用，其核心地位是其他金融机构无法替代的。

那么，银行到底与老百姓的生活有何关系呢？它又是如何运转的？如何才能保障银行体系高效而稳健地运行？为什么曾多次出现过与银行相关的危机？银行危机又会对经济和人们的生活产生怎样的冲击？诸如此类的一系列问题，不仅是政府、银行家们所关心的，也应当是企业和老百姓需要关心和理解的，因为揭示它们的答案，不仅可以让我们多一个侧面和视角理解经济社会发展的进程，而且稍微“功利”一点说，也有助于人们理解和直面现实的金融运行，为投资理财提供“理论武装”。

毋庸置疑，在大众层面进行银行学知识的普及至关重要，但有关银行的系统性知识却往往只出现在大学金融专业教材里。这些教材以“培养高级金融管理人才”为目标，是故，其介绍的知识不仅“专业”，而且还很“高深”。定位于此的专业性“银行学”书籍，从其作者构思之时起，便已将普通老百姓拒之于阅读大门之外了。

然而，随着社会经济的发展、人们收入水平的提高，尤其是伴随财富积累而来的理财与投资意识的觉醒，老百姓对于银行学知识的渴求被不断地激发出来，于是，立足于学院教育的专业化知识与老百姓所需的普及型知识的脱节，便成了金融知识供求关系的一个突出矛盾。因此，一本有关银行学的普及型通识读物，便可以很好地弥合这一领域知识的“供需缺口”。

有关银行的各种书籍可谓卷轶浩繁，其中所包含的专业知识亦是缤纷而繁杂，如何以尽可能简明的文字将这些知识深入浅出地展现在普通读者面前，不仅需要作者对相关专业知识的通透理解，而且要有举重若轻、化繁就简的文字驾驭能力。戈达德和威尔逊的牛津通识读本《银行学》就展现了他们在这方面的超凡技能。该书以银行简史和功能为切入点，介绍了银行业务的新发展，尤其是与证券化和影子银行相关的新兴银行业务所带来的深远影响，以及银行所面临的信用和流动性风险及其应对举措，中央银行与货币政策管理、银行业监管的发展与实践等。全书还用较大的篇幅介绍了与银行相关的金融危机，尤其着重介绍了20世纪90年代以来的日本银行危机、亚洲金融危机、2008年美国的次贷危机，以及随后爆发的欧洲主权债务危机等。这些金融危机不仅给金融体系、宏观经济和人们的生活带来了破坏性影响，也促使世界各国在应对危机中同舟同济，强化和完善金融监管，并在对危机进行深刻反思之后重构全球金融治理的新秩序。

由于种种原因，在过去的几年里，经济与金融的全球化进程经历了不小的波折和诸多挑战，中国融入全球体系的进程也面临着新的障碍；但这些只是全球化进程中的小插曲和涟漪，总的历史发展趋势是很难被逆转的，而当前所遇到的诸多困难也必然会在全球化的曲折发展中被一一克服。因此，即便是普通老百姓在观察和理解中国的银行业时，也需要有一点全球化的视野。这本《银行学》通识读本虽然是以英国和美国的银行业为蓝本，但中国读者通过阅读本书，不仅可以打开理解中国银行业的一个窗口和视角，还可以更好地理解金融全球化，并进而理解“人类命运共同体”这一宏大的时代主题。

谨以此书献给

莎拉、艾米、托马斯、克里斯

——约翰·戈达德

艾莉森、凯瑟琳、伊丽莎白、珍妮

——约翰·O. S. 威尔逊

目　录

致 谢

感谢牛津大学出版社的安德里亚·基根和詹妮·纽吉，他们由始至终负责本卷书的委托编撰和管理工作。还要感谢三位匿名评论者，为完善本书提供了十分有益的意见和建议。最后，感谢我们的家人在本书撰写过程中给予的耐心支持。

第一章

银行的起源与功能

银行是吸收储户存款、向借款人提供贷款，以及向其客户提供一系列其他金融服务的机构。银行在现代金融体系中居于核心地位。银行在组织家庭、企业、政府等储户和借款人之间的资金流动方面发挥着关键作用。近数十年来，信息技术的发展使银行的服务范围和质量发生了重大变化，也为银行节约了成本。许多国家的用户优先采用电子分销渠道获得银行服务，如自动取款机（ATM）、电话和手机银行、网络银行等，而不是老套地前往商业街上的银行分支机构办理业务。支付方式创新使人们从现金和支票支付转向更加便捷的电子支付系统，如信用卡和借记卡、无接触支付技术，这些电子支付系统有时直接关联客户的银行账户。然而，社会上无法利用新型服务渠道的那部分人，并未享受到技术进步带来的好处。在银行界悄然兴起的“影子银行”，是指那些提供与银行类似服务的金融机构，但它们没有银行业务许可且大多不受监管。 1

近代银行的历史见证了大型银行机构不可阻挡的扩张步伐，

巨无霸银行现已遍布全球。多数巨无霸银行是在并购竞争对手中茁壮成长起来的，有时则是在银行业危机或金融危机最严重的时候，对一些陷入财务困境的银行进行纾困或救助所致。即便是巨无霸银行对倒闭的可能性也具有内在的脆弱性。银行的存款人希望银行总能心甘情愿地快速兑现他们的存款；然而，当银行将一笔贷款发放给借款人后，在贷款到期偿还前的若干年内，银行都用不上这笔贷款冻结的资金。假如银行的存款人不是同时要求取出存款，银行就有能力向存款人履行承诺，具备偿付能力。但是，一旦存款人对银行失去信任，银行将无力应对。如果所有的存款人同时蜂拥而至要求提款，银行很快就会没现金可付。

在2007年之前，许多评论家都以为，在宽松监管体制下运营的技术复杂的现代银行，总是有能力为想投资的借款人提供充足的融资支持。2007—2009年全球金融危机是一记当头棒喝，让人们对此观点进行根本性重新评估。在这场危机中，许多银行损失惨重，有些破产了，其余的需要用大量纳税人的钱来资助才能避免倒闭。随着多数经济体陷入衰退，政府面临巨额公共支出赤字，国债规模不断攀升。紧随着全球金融危机而来的主权债务危机，席卷了希腊、爱尔兰、葡萄牙、西班牙等国。全球的中央银行都开始实施非常规货币政策，努力刺激经济。为限制银行从事风险过高的贷款业务，出台了一些新的法律，制定了一些新的规则。新建立的监管框架不仅监管单个银行的风险，
2 还监管整个金融系统的稳定性。

当银行系统有效运转时，全社会都从中受益，借款人和存款人也能达成所愿。如果企业家因无法筹得所需资金而使有潜力的项目始终搁置，经济就难以增长和发展。如果贷款受家庭关

系、政治影响力或人情关系等支配而被用于非生产性目的，那么这样效率低下或不发达的金融体系就会阻碍繁荣和增长。

贯穿这本通识读本的主题是：银行在金融体系中的主要作用，以及银行因失去储户或其他资金来源方信任而突然崩溃的脆弱性。本书着重介绍银行提供的金融服务、面临的风险，以及中央银行的作用；描绘了全球金融危机和主权债务危机中的主要事件，并研究了商业银行、行业监管机构、中央银行、政府和国际组织从过去十年剧变的惨痛教训中归结出来的应对办法。

银行简史

迄今所知最早的货币借贷活动发生在亚述、巴比伦、古希腊、罗马帝国等古代文明社会。现代银行可以追源至中世纪和早期的意大利文艺复兴时期，那时就成立了私人商业银行，为贸易提供融资，并将个人储蓄资金借贷给政府或用于其他公共用途。私人银行通常以合伙制形式设立，由一个家族或是其他类型的群体持有并管理，政府对其运营没有明确的规制。在17世纪荷兰共和国鼎盛时期，阿姆斯特丹是主要的金融和银行业务中心，18世纪其地位被伦敦超越，这是由于工业革命刺激了银行业务服务需求，也是大英帝国扩张的成果之一。英国第一家股份制银行是英格兰银行，成立于1694年，起初是作为政府为同法国作战而进行筹资的工具。尽管英格兰银行一直在公共财政筹资方面发挥重要作用，但它直到20世纪才确立如今中央银行的地位。

银行应当由大量股东共同持有作为一条准则而被接受，是推动现代商业银行发展的关键。股份制银行能够通过发行股份或股东资本累积实现发展，规模会比私人银行大。股份制银行可以永续，而不会受个别投资合伙人生死的影响。英格兰银行最初成立时是股东无限责任制，意味着一旦经营失败，股东不仅会损失所投资的资本，还要按股比偿还银行的所有负债。合伙制的私人银行亦如此。当时认为无限责任极其重要，因为银行有权发行银行纸币，如果股东不对纸币持有人的赎回要求承担最终责任，他们可能会不顾一切地滥发票子。

直至19世纪早期，受禁止投资合伙人超过6人的银行发行纸币的规定所限，英国一直没有引入股份制银行。整个18世纪，小型私人银行数量不断增加，但其中很多银行不具备抵御金融冲击的实力。1826年通过了一项法案，授权投资合伙人在6人以上且总部地处伦敦周边半径65英里以外的私人银行发行纸币。1844年，纸币发行与黄金储备挂钩，为英格兰银行最终成为唯一的纸币发行银行铺平了道路。英国所有纸币上都印着“我承诺应持有人要求支付……”，由出纳主管代表英格兰银行行长签发，这一做法的历史可追溯到英格兰银行开始承担按要求将任何纸币兑换成黄金的责任之时。第一次世界大战开始后英国放弃了金本位制，1925年重新启用，1931年永久废止。

1844年还出台了一部银行业务守则，包括监管、管理、财务报表等方面的详细规定。随着银行章程和条例框架的到位，更有理由赋予股份制银行有限责任的身份，并将之置于一般性股份公司法律管辖之下。1850年代通过的法律允许银行作为有限责任主体，消除了限制单体银行发展的主要因素。随之而来的是股份制和私人银行通过并购逐步发展壮大，最终出现了几家服务网络遍布全国的大型商业银行。到1920年，五家最大的银行——威斯敏斯特银行、国民地方银行、巴克莱银行、劳埃德银行、米特兰银行吸收了英格兰和威尔士80%的储蓄存款。这五家银行在1930年代大萧条时期和第二次世界大战时期一直占据市场主导地位。1950年代至1960年代，“五大”及其他银行在商业街上的分支机构网络快速扩张。近年来英国高街银行[①]的演变情况，见图1。

房屋互助协会创始于18世纪晚期，用会员缴纳的会费为会员盖房提供融资，是英国最重要的共同所有的存款机构。最初的房屋互助协会在会员们都有房子后就结束运转，到19世纪，取而代之的是不断接受新会员、永续交易的永久性房屋互助协会。1980年代通过了允许房屋互助协会转为有限公司的法律，使其可以像其他银行一样成为有限责任公司。有些大型房屋互助协会转型了，还有一些在并购或国有化过程中消亡了。约有40家独立的英国房屋互助协会一直生存至2000年代中期。 5

与此同时，英格兰银行继续向中央银行的身份演化。该银行在1866年金融危机时首次成为银行系统的最终贷款人，将现金借给那些暂时无法满足存款人提款需求的银行。英格兰银行拒绝解救欧沃伦格尼银行，这家银行倒闭引爆了此次危机。但是，1890年英格兰银行却组织了对巴林兄弟公司的纾困。英格兰银行最终于1946年被国有化（成为全民所有）。

美国第一次尝试建立中央银行——北美银行（1782），比英格兰银行设立差不多晚一个世纪。这家银行后来被美国第一银行（1791—1811）取代，接着是美国第二银行（1816—1836），在反对联邦（国家）监管银行、支持州监管的政治阻力下，这两家银行都未能获准延续经营。

---

① 高街银行（high-street bank），指遍布英国商业街的银行，主要为居民提供服务，亦称零售银行。——译注

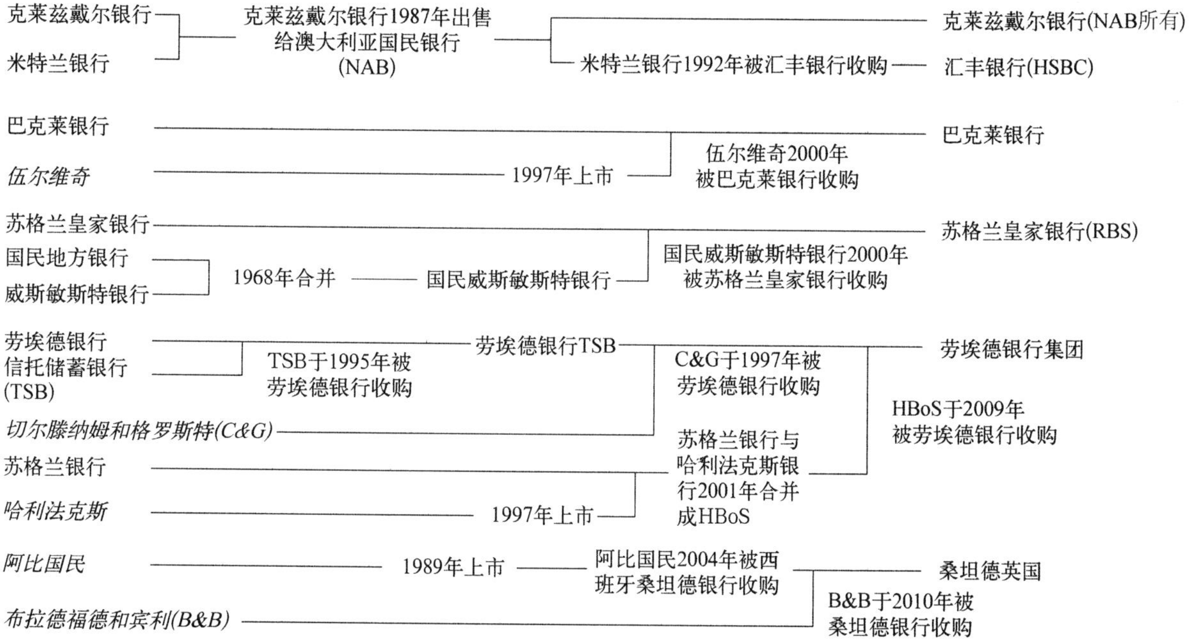

备注：房屋互助协会以斜体字标出，非互助化成为公司制后为正常字体。

图1　英国零售银行演变情况

相比之下，美国最早的股份制商业银行——马萨诸塞银行
和纽约银行，在州层级组建并获得经营特许（均为1784年），比
英国相应早了数十年。1830年代，州发放特许的条件放宽，迎
来了“自由银行时代”（1837—1862），此时银行业快速增长，经
州特许设立的银行发行的五花八门的纸币四散开来。1863年和
1864年通过的法律允许在联邦层级发放银行经营特许，为形成 7
全国统一的货币创造了条件。

“国家银行时代”（1863—1913）见证了如今美国双重体系的萌生，联邦特许银行和州特许银行同生共存。失去发行银行纸币的权力后，州特许银行依靠扩大吸储，以及对其资本要求普遍低于联邦特许银行的优势得以生存。在多数州的银行业务领域中，联邦特许银行和大多数州特许银行都需要对其负债承担双倍、三倍甚至无限责任。在双倍责任要求下，倒闭银行的股东可能不仅会损失初始投资，还要再承担一笔与其初始投资金额相当的损失。在三倍或无限责任要求下，经营失败时股东面临的风险损失更大。这样的规定旨在给银行的冒险行为设一道闸，但在国家银行时代仍然发生了一系列银行危机和金融危机。最严重的一次是1907年大恐慌，它催生了联邦特许的中央银行，该行可以在发生银行危机时作为最终贷款人。1913年通过的法律构建起当今的美国联邦储备体系（见第四章）。

1930年代早期，大萧条越来越严重，银行业再次陷入危机。改革是随之推行的罗斯福“新政”中关键的一招。1933年3月全美所有银行暂时歇业几天之后，出台了一系列恢复民众信心的措施，包括：成立联邦存款保险公司（FDIC）提供存款保险，这是一个保证小储户在银行倒闭时能够得到偿付的办法；首次

将联邦法规监管范围扩展到所有银行；根据《格拉斯-斯蒂格尔
8 法》（1933）将商业银行与投资银行业务分离。1930年代，双倍和三倍股东责任制失宠了，几乎全都被有限责任制取代。

1930年代的改革，加之第二次世界大战后固定汇率制的布雷顿森林体系维系了货币币值稳定，为银行在1940年代、1950年代、1960年代这段时期处于一个相对稳定和严格管制的阶段提供了基础。1973年布雷顿森林体系崩塌，从1970年代开始金融市场自由化，放松管制浪潮渐起，给新型金融服务发展带来了机遇，也带来新的风险，这些风险在2007年至2009年的全球金融危机中爆发出来。

美国的互助组织包括储蓄贷款协会（S&L），也被称为存款机构。储蓄贷款协会最早出现在1830年代，是比照英国的房屋互助协会如法炮制的。会员认购股份，按月付款，能够按其持股比例贷款买房。贷款按月接续偿还，要付利息。19世纪下半叶城市的兴起，与储蓄贷款协会的大发展相生相伴。由于贷款抵押不可靠等原因，许多储蓄贷款协会在1980年代末和1990年代初的储蓄贷款协会危机中消亡了（见第六章）。美国其他形式的互助组织还有：储蓄银行，第一家储蓄银行1816年在波士顿成立；信用社，产生于20世纪早期。信用社的会员持有一张“共同债券”，会员范围严格限于同类人群，如雇主、同行、教徒等。

银行资产负债表和损益表的结构

要想理解银行干什么、如何运转，查看一家典型银行的资产
9 负债表和损益表会很有帮助。法律规定所有银行都必须定期公

开其财务报表，通常是每年或每个季度公开。资产负债表是关于企业财务结构和状况的报告，对发布之时该企业资产和负债的价值给出真实的评价。

银行通常从储户、投资者及其股东那里筹得资金。这些资金在银行的资产负债表上记为负债，因为它们带给银行的是为这些所借资金服务的义务，比如支付利息。银行还承担了在未来某个时点偿还这些资金的义务，比如银行发行的债券到期时，或是储户要求提现或销户时。

当储户将资金存放在个人银行账户或企业银行账户时，银行实际上就是从储户那里借了这些钱。相应地，银行就有提供多种银行服务的义务，比如向储蓄账户支付存款利息。银行发行的债券是银行在债券有效期内定期偿付的承诺，包括按债券票面价值支付利息，并在指定到期日偿还票面价值。通常而言，偿付总额会超过债券最初购买价，以此给予债券购买人或投资人回报。发行债券相当于银行向债券购买人或投资人借钱。银行已发行但尚未偿还的债券金额，在银行资产负债表中记为负债。银行倒闭时，债券持有人的法定获偿地位要弱于储户等其他银行债权人。不同级别债券持有人的获偿等级可能也不一样。“次级债”持有人的获偿保护度最低，银行清算时排在储户和其他债券持有人之后。 10

银行以多种方式对从储户、投资者及股东处筹集的资金进行运营或投资，构建资产组合，为股东赚取收益。有些筹来的资金以现金或在中央银行存款的形式存放，以便于在银行需要时快速变现。持有具有高流动性和安全性的现金或存款，被称作准备金。银行也可以作为投资者，购买私营企业或政府发行的债券或其他证券。政府债券是政府为筹资而发行销售的一种证券。作为购买债券的回报，投资者可从政府那里定期获得利息或“息票”收入，随后在债券到期日获得本金偿还。与私营企业等发行的债券不同，政府债券通常被默认为是低风险或无风险的，因为政府可以通过中央银行发行所需货币（见第四章）来兑现其向债券持有人做出的偿还承诺。

最后，银行筹集的大部分资金通常都用于向个人或企业发放贷款，产生由借款人支付给银行的利息流。

银行总资产与其从储户和投资者那里筹资所形成的银行负债之间的差额，是银行的资本，亦称股本或净资产。银行要保持清偿能力，其资产价值必须始终超过负债额。资本起对冲意外损失的作用。资本或股本就是股东在银行的所有者权益，也是银行的资金来源之一，因此在资产负债表中记入负债栏。资本可能来自股东创设银行时的初始投资资金，也可能来自以往的
11 利润留存，这些利润没有作为股息分给股东。

像任何一家公司一样，银行股本的市值——每股价格乘以发行的股票数量——可能高于或低于资产负债表上的数值，这取决于股市投资者和交易者认为资产负债表是高估还是低估了银行的真正价值。

表1是除英格兰银行外英国所有货币金融机构（简称MFIs）2015年12月资产负债表的汇总表。货币金融机构是指具有吸收存款资质的机构，包括银行设在欧洲经济区其他地方的分支机构，但不包括信用社、互助协会和保险公司。

银行向借款人收取的利率高于向储户或其他资金提供方支付的利率，并对所提供的其他金融服务收费，以此赚取利润。

公司的损益表报告该公司在一段时期的主要收入构成和成本支出情况，以及给公司股东创造利润（或亏损）的情况。表2是2014年英国所有MFIs损益表的汇总表。本表及本书其他地方带括号的数表示负数。衡量盈利能力的指标包括：资产回报率（ROA），即利润（或亏损）占总资产的比例；股本回报率（ROE），即利润（或亏损）占资本或股本的比例。有时候还会用到的另一种盈利能力衡量指标是净息差（NIM），指银行向借款人收取的平均贷款利率和向储户及其他债权人支付的平均利率之差。

银行的服务

写到这里，银行已经被刻画成致力于向储户吸收存款、向借
款人发放贷款的金融中介。银行还为其客户提供其他一系列金 12
融服务。

零售银行通过街区网点、电话银行或互联网为消费者、家庭、小企业提供银行服务。提供零售服务的银行从家庭吸收存款，放在活期账户或储蓄账户上。活期账户有时也称支票账户、活期存款或即期存款，通常利息极低或没有利息，但允许储户即时提取现金。为处理大量小额交易，设立街区分支机构、自动取款机等，银行需要花费很高的成本。在许多国家，银行对一般活期账户的交易，比如使用支票，或从自动提款机取款，要收取一系列费用。有些国家在活期账户里有余额的情况下不收费。储蓄账户也称定期存款，会支付利息，但是其中的资金可能需要经过一段特定的时间后才能提取。

从贷款方面看，把钱借给家庭可能需要担保，也可能无须担

保。住房抵押贷款是担保贷款的主要形式，用于为家庭购置房产提供贷款。这些房产就是担保物，意味着一旦借款人无法按期还款、拖欠贷款，银行有权收走这些房产。住房抵押贷款利息可以固定一段时期后再浮动，也可以全周期都是浮动的。家庭持有的房产价值超出其未到期住房抵押贷款的金额时，可以选择进一步从中获取收益，即以房产的超额价值再做一笔住房抵押贷款，用这笔钱支付其他消费开支，或是结清其他负债。无担
13 保贷款适用于购车或家庭装修等融资。如果借款人违约，银行就没有担保物可没收。利息可固定也可浮动。

向小企业贷款通常采用透支或定期贷款的方式。透支贷款指在一定限额下，允许企业提取超过其账户现有存款数额的资金。银行对透支部分收取利息，可能还会收取贷款手续费。定期贷款是一种规定了期限（至少一年，通常几年）和本金、利息偿还时间表的企业贷款。

零售银行还提供其他一些金融服务。包括：安全保管服务，为存储贵重物品提供安全保障；账务服务，记录并保存每位消费者的金融交易。此外零售银行还提供股票经纪、保险、外汇兑换、养老金、租赁、分期付款等服务。

批发银行为大企业或公司提供金融服务，其中有非金融企业，也有金融企业（其他银行、非银行金融机构）。批发银行业务可细分为公司银行业务和投资银行业务。

公司银行业务包括向大企业或公司提供的各种银行核心业务服务。银行核心业务包括吸收存款、发放贷款，以及一系列为公司提供的专业化银行服务。银行向大企业或公司提供贷款有多种方式。银行可以发放授信额度，在规定期限和最高限额

表1　英国货币金融机构，合并资产负债表（摘要），单位：10亿英镑，2015年12月

资产			负债		
在中央银行的现金和结余		318	存款：		
			对英国货币金融机构	474	
贷款和预付款：			对英国其他居民部门	2 195	
对英国货币金融机构	466		对非居民部门	1 998	4 667
对英国其他居民部门	2 069				
对非居民部门	1 898	4 433	销售和回购协议：		
			对英国货币金融机构	133	
销售和回购协议：			对英国其他居民部门	181	
对英国货币金融机构	110		对非居民部门	519	833
对英国其他居民部门	229				
对非居民部门	566	905	存单和商业票据		195

15

（续表）

资产			负债		
含国库券在内的票券	54		债券：		
			期限五年以上	198	
投资：			期限五年（含）以下	254	452
英国政府债券	137				
对英国货币金融机构	67		其他负债		118
对英国其他居民部门	223				
对非居民部门	521	948	**总负债**		6 265
其他资产		205	**资本/股本**		598
总资产		6 863	**总负债加股本**		6 863

资料来源：银行统计（货币与金融统计），英格兰银行

之内，公司可以灵活地借款、还款。周转信用便利也具有类似的借款灵活性，只不过通常规模更大。当一家公司期望借款金额超出一家银行的贷款意愿或能力时，该银行可以组织银团贷款，安排几家其他银行或贷款人联合放贷。银团贷款通常是长期贷款。最后，银行可以通过借款或购买公司为其大型投资项目所设特殊目的机构发行的债券，向公司的大型投资项目提供长期

表2　英国货币金融机构，合并损益表（摘要），单位：10亿英镑，2014年

净利息收入	59 167	
股息所得	12 924	
净手续费和佣金收入	20 140	
交易收入	5 129	
其他收入	26 205	
总收入		123 565
人员成本	（32 507）	
其他运营开支	（56 472）	
总运营成本		（88 979）
拨备前利润		34 586
新增净拨备	（1 085）	
其他项目	（9 326）	
税前利润		24 175
税负	（5 403）	
支付红利	（6 151）	
其他项目	（513）	
剩余利润		12 108

资料来源：银行统计（货币与金融统计），英格兰银行 16

17 融资。公司在这家特殊目的机构中持股。除向公司贷款外，银行还为其公司客户提供其他专业化金融服务，包括提供担保、利率和外汇汇率风险管理、国际贸易融资等。

投资银行业务涵盖一些专业化的银行和金融服务，主要服务于企业，但也服务于富人和政府。投资银行还在金融市场上从事一些交易活动。顾问服务包括在并购项目中提供建议和辅助，以及各种其他咨询服务。投资银行还可以为私有企业在股票市场上市、政府将国有企业私有化等提供服务。承销新发行的证券（公司债券、股票、政府债券）通常需要几家投资银行组成财团，每家负责销售一定配额的新发行证券，如果没卖出去，就得自己持有。投资银行还从事资产和财务管理服务，以及证券、商品及衍生品交易（见第三章）业务，这些交易要么是为投资银行自己（称为自营），要么是为公司或个人客户。

银行的类别

商业银行指主业为金融中介服务的银行：吸收存款和发放贷款。商业银行的客户有个人、小企业、大企业或公司。相应地，商业银行既提供零售服务，也提供公司银行业务服务。大部分商业
18 银行为股份制，旨在为股东在银行的投资（股本）赚取收益。

投资银行专门负责提供投资银行业务服务。通常，投资银行由负责承销、上市及其他咨询服务的顾问部门，以及负责在金融市场进行交易和资产管理的交易部门组成。大部分投资银行也是股份制的，因此也以盈利为动机。

实践中，商业银行和投资银行的区别并没有理论上那么清晰。美国《格拉斯—斯蒂格尔法》（1933）通过禁止商业银行和

投资银行之间有隶属关系，避免后者可利用前者吸收的存款资金进行交易，将商业银行业务与投资银行业务区分开来。《格拉姆-里奇-比利雷法》（1999）终止了这项分业法律规定。随后，商业银行开始参与证券交易，一些投资银行开始吸收存款并发放贷款。美国的商业银行与投资银行几次合并后创造出了全能银行，提供全套系的商业银行和投资银行业务服务。

在许多国家，提供零售银行业务服务的不仅有商业银行，还有一些互助性、非股份制的机构。互助机构的性质在各国不尽相同，典型的例子有：英国至今尚存的几家房屋互助协会，它们没有去互助化、被股份制银行兼并或是转型为股份制银行；美国的储蓄贷款协会（存款机构）。互助机构的明显特征是，各机构由其会员共同所有，他们既是存款人又是借款人。互助机构获取盈余而非利润，这些盈余用于分给会员，或是留下来扩大金融服务。原则上讲，由于不存在股东利润，互助机构的存款和贷款利息应该比商业银行的更有竞争力。 19

按总资产计（资产负债表上所有的未偿贷款，以及其他投资，包括股票、债券、资产和现金），2016年美国最大的四家银行是摩根大通（2016年总资产24 240亿美元）、美国银行（21 860亿美元）、富国银行（18 490亿美元）、花旗银行（18 010亿美元）。它们都可被称作全能银行。接下来的两家——高盛（8 780亿美元）和摩根士丹利（8 070亿美元）——是投资银行，它们在2008年金融危机高潮时为了有资格获得财政救助基金，迅速转成了可吸收存款的机构（见第七章）。

在英国银行业占据主导地位的前五家大型独立银行分别是：汇丰银行（2016年总资产25 960亿美元）、巴克莱银行

（17 950亿美元）、苏格兰皇家银行（12 690亿美元）、劳埃德银行（11 850亿美元）、渣打银行（6 400亿美元）。前四家银行加上西班牙银行集团桑坦德银行在英国的全资子公司，控制了英国零售银行业务市场。第五名的渣打银行主要在亚洲、中东、非洲和拉丁美洲等海外区域经营。

在欧洲其他几个国家，最大的股份制银行具有显著的全能银行特征，这些国家历史上没有要求商业银行与投资银行分业经营的规定。2016年欧元区前六大银行是法国巴黎银行（法国，2016年总资产24 040亿美元）、德意志银行（德国，19 730亿美元）、农业信贷银行（法国，18 580亿美元）、兴业银行（法国，15 500亿美元）、桑坦德银行（西班牙，15 010亿美元）、BPCE银行集团（法国，13 570亿美元）。

2016年，按总资产规模排序，汇丰银行、摩根大通、法国巴黎银行、美国银行、德意志银行分别位居全球第六至第十位。规模居全球前五位的银行中有四家来自中国：中国工商银行（ICBC，2016年总资产35 450亿美元）、中国建设银行（29 660亿美元）、
20 中国农业银行（28 530亿美元）、中国银行（26 400亿美元）。日本三菱日联金融集团（26 550亿美元）也在全球五大银行中占有一席。

影子银行系统

除了像银行这样获得准入许可并接受监管的金融服务提供商之外，还有其他一些公司或机构在传统的银行系统之外开展金融中介活动。有时候，如果银行母体自己开展某项业务所受的管制比其附属机构更严格，银行就会设立附属机构，被称为

特殊目的机构（SPVs）或结构化投资工具（SIVs），来办理这些业务。“影子银行”这一术语是资产管理公司太平洋投资管理（PIMCO）的保罗·麦考利于2007年创造的，形容“所有那些以字母简称命名的非银行类投资通道、工具和安排”。影子银行系统里有以下几种类型的机构。

对冲基金将投资者的资金汇集在一起购买股票。对冲基金可以按合伙制或有限责任公司制组建。对冲基金由职业管理团队管理，他们可能采用某种特定的投资风格，或是对特定证券有专门研究。投资人需要交管理费。与共同基金不一样，对冲基金可以借钱并运用杠杆（见第二章）为投资人实现预期风险收益目标。

交易所交易基金（ETF）代表投资者买卖股票、债券或商品等资产。大多数ETF都会对标一个专门的市场指数，以确保业绩与该指数的表现相当，并在相应市场进行交易。由于其投资策略是消极的，因此管理费极低。

特殊目的机构（SPV）是金融机构的附属机构，具有独立法人地位，如果其母体机构倒闭，它不用一起倒闭。SPV通常是为特定资产或债务交易而设，母体机构借此将这些项目移出资产负债表，规避为覆盖这些资产损失风险所需的资本要求。这些项目被称为表外项目。结构化投资工具（SIV）是特殊目的机构的一种，经销结构化证券产品。

私募股权公司聘请职业投资人对其他公司股权进行投资，目的是为本公司股东带来高额回报。

资产管理公司为富人提供管理债券、股票和房地产等投资的服务。财富管理公司的功能与之相似，但更侧重于投资、税务咨询和理财规划。

货币市场基金（MMF）是一种共同基金，投资于短期证券，比如国库券（政府短期债券）、商业票据（大公司发行的短期债券或本票）。货币市场基金给投资者的回报比银行存款高，而风险非常低。在美国，MMF努力将每股资产净值（NAV）稳定在1美元，维持资产净值之外的其他收益均以股息方式分给投资者。

在美国，券商是指代客户或用自有账户进行证券交易的经纪商。券商规模大小不一，有小型独立机构，有附属于商业银行
22 或投资银行的大型机构。

在美国，房地产投资信托（REIT）是指持有并管理写字楼、仓库、购物中心、宾馆、公寓楼、医院等房产的公司。房地产投资信托以类似于共同基金的方式，给投资者提供投资于房地产的机会。

影子银行机构不需要像银行那样获得许可，不适用于银行监管规则。但是，除了以SPV这种股权隶属关系相联系，需要许可授权经营的银行和影子银行机构还以其他很多方式密切勾连在一起。例如，银行和影子银行机构都在短期融资市场交易（见第三章）。大型影子银行机构经营失败将严重影响与之相关联银行的稳定性。因此，近数十年来监管当局对影子银行的发展紧张不安。据估计，美国影子银行的资产已超过了传统银行。从全球范围看，2013年影子银行系统（非银行金融中介机构）所持资产约75万亿美元，约为全部银行资产的一半。

支付系统

支付系统是对人与机构间的金融交易进行处理和结算的银

行业务基础设施。许多年来，支票（英式英语为cheque，美语为check）是支付系统中最重要的组成部分。支票是银行客户向银行下达的从其账户向收款人账户划转资金的指令。支票让人们可以进行无现金交易。如果两个账户都在一家银行，银行自己就可以处理这笔交易。如果两个账户在不同银行，该笔交易通过中央清算系统进行。为方便经常性付款，可采用定期划转和 23
直接借记的办法。定期划转是由客户通知银行在指定日期向另一账户支付指定金额。采用直接借记的办法，收款人可以变更经常性付款的日期和金额。

在英国，清算银行负责处理它们的客户账户签发的支票或贷记款，这些清算银行都是支票与清算公司的会员。除英格兰银行外，英国的清算银行还有苏格兰银行、巴克莱银行、克莱兹戴尔银行、合作银行、汇丰银行、劳埃德银行、国民威斯敏斯特银行、全国建房互助协会、苏格兰皇家银行和桑坦德银行英国公司。非清算银行通常会与一家清算银行签署商业合作代理协议，以为其客户提供支票结算服务。英国巴克支付计划有限公司（银行自动清算系统的前身）负责进行自动支付的清算和结算，比如从一家银行账户转到另一个账户的直接借记。

随着计算机技术进步和互联网发展，支付系统也扩展了，涵盖自动取款机、借记和贷记卡，以及贝宝、比特币等电子支付系统。ATM使银行客户不去银行分支机构就可以提取现金。第一台ATM是巴克莱银行于1967年引进的。借记卡一般可在ATM上使用，也使零售商可以直接从客户的银行账户上收款。在英国，零售商通过EFTPOS（零售点电子资金转账）终端处理这类交易。信用卡用户可以用信用卡公司提供的贷款资金购买商品

24 和服务。用户每月收到账单，可以全额还款，也可以部分还款并承担分期付款利息。智能卡用户可以把钱转到塑料制卡上，零售商可以直接从这张卡上扣款。电话银行和网上银行为用户提供无须到现场办理业务的便利。对银行而言，这样交易的平均成本通常远低于在分支机构办理业务的成本。近年来，移动支
25 付技术使客户可以通过手机或平板电脑进行支付。

第二章

金融中介

金融中介这个术语指的是传统银行业务模式，在此模式下银行从储户吸收存款，将资金贷给借款人。银行积累的存款量与贷款增长密切相关。每当银行发放一笔贷款，就将等同于贷款金额的存款记入借款人的账户。然后，借款人用这笔资金去支付商品或服务款，这笔钱在银行系统中将显示为该商品或服务提供商的一笔存款。同样地，每当银行收到一笔存款，它就有权用这笔资金向那些需要贷款的客户提供更多贷款支持。

期限转换、规模转换和风险分散化

在扮演金融中介的角色时，银行承担了期限转换、规模转换和风险分散化的功能。期限转换指的是，储户可以随时提取资金，而借款人有权直到贷款到期时才偿还资金。流动性指的是资产变现的速度或容易度。银行存款具有流动性，因为对储户而言，存款只需要短期授权。相反，银行发放贷款时，比如为购 26
房提供住房抵押贷款、为新固定资产投资提供商业贷款，银行给出的是长期授权，因此缺乏流动性。

规模转换指的是，银行同时管理一大堆户均金额较小的存款，以及数量相对少一些但每笔平均金额较高的贷款。风险分散化是指，当储户的资金用于向若干借款人发放贷款，单个的风险被集合成池，储户可以从中获益。基于既往经验，银行知道有一定比例的贷款会拖欠，永远得不到偿还。向借款人收取的利息中有一部分是留出来用于覆盖银行坏账平均损失的。这样，如果真实的坏账率与银行预期一致，储户的资金就是安全的。如果一个储户直接把钱借给某个借款人，他不可能得到同样的安全保障，因为风险将完全集中在某一方，而不是分散给许多借款人。

尽管大家普遍认为金融中介服务对金融系统有效发挥作用至关重要，但近年来传统银行业务模式受到了其他借贷模式的挑战，例如点对点借贷（P2PL）。一家以盈利为目的、提供P2P贷款的中介公司设立一个在线平台，这个在线平台上汇集了个人借款人和贷款人。贷款人可以竞相给予借款人最低的利率，或是由中介机构基于对借款人信用度的评估给定一个利率。大部分贷款都没有抵押，贷款人通常通过多元化策略（把钱借给不同的借款人）来消弭风险。中介机构通过向借款人和贷款人收费赚取收益。与传统金融中介相比，P2P贷款业务数量较小，对
27 传统银行的威胁有多大还不好说。

逆向选择、道德风险和金融交易

任何市场里的交易者都需要信息才能使市场有效运转。例如，买卖双方需要知道所交易产品或服务的特性，以达成一个公

平的价格。信息不对称，即交易一方掌握的信息比另一方更多，会阻碍市场正常发挥作用。金融中介服务市场特别容易受信息不对称问题的影响，产生逆向选择和道德风险。

当一组购买者以强势地位选择某项服务，而只给服务提供商较低的回报时，就会产生逆向选择。在金融中介服务领域，出现这一问题是因为借款人对自己的了解胜于贷款人，贷款人难以辨识借款人是否可信。例如，假定银行正在审核一些借款人的一年期贷款申请，其中半数是可信的，一年后只有2%的坏账风险（无法偿还贷款），而剩余半数是不可信的，坏账风险是10%。银行会按避免自己蒙受坏账损失的办法来设定贷款利率。如果银行能够精准地区分诚信和不诚信的借款人，那么操作就很简单，给前者的贷款利率只需加两个百分点来覆盖坏账损失，后者则需加十个百分点。然而，如果银行区分不了，在确定利率溢价水平时就会面临两难：

如果银行加价2%，则保护不足，因为有些借款人实际上有10%的违约风险。 28

如果银行按照坏账风险的平均数收取6%的溢价，不诚信的借款人觉得很划算，而诚信的借款人会觉得收费过高，转而寻求其他更便宜的贷款。银行无法与诚信的借款人达成协议，更糟糕的是，只有不诚信的客户留下来，带来10%的风险却只支付了6%的风险溢价。可以预见，银行会因大量类似合同蒙受损失。

如果银行收取10%的溢价，诚信的借款人照样会去别处，但不诚信的借款人会留下来，并按公允价格支付。银行无法跟那些违约风险比最不诚信者要低的借款人做业务（“逆向”选择一词由此而来）。

如果所有银行都面临类似问题，诚信的借款人可能找不到任何一家银行愿意以他们能接受的利率给他们提供贷款。换言之，诚信的借款人可能无法获得贷款，亦称信贷配给。对银行而言，解决之道是收集区分诚信和不诚信借款人所需的信息。银行可以通过审查贷款申请人来获知所需信息。审查模式有两种，实践中银行可以将两种结合起来使用。在交易型银行业务模式下，银行依靠借款人的标准化信息来判断，这种标准化信息指借款人在贷款申请表上填写的情况，或是银行从信用评级机构获得的个人信用评分。在关系型银行业务模式下，银行通过建立长期金融服务关系而单独搜集客户信息。银行通过观察客户的账户现金流情况，或是面谈财务规划来逐渐了解他们。

第二类信息不对称问题是道德风险，它指的是当一个人知
29 道其他人会分担其冒险或是不谨慎行为所导致的成本时，他会更不负责任。当金融交易的一方比另一方更清楚自己的意图或行为时，任性妄为的机会会加大。例如，借贷双方就银行贷款达成协议后，如果是由贷款人而非借款人最终承担因借款人出现财务困难而违约的成本，借款人恐怕没有足够的动力去谨慎管理自己的财务。

为了应对道德风险问题，银行应当努力监控客户的行为。但是，银行恐怕很难近距离地观察其客户是如何使用所借资金的。在担保贷款的情况下，借款人需要提供质押担保，如果贷款违约，借款人将失去这些质押品。或者，贷款人也可以与借款人签订约束性条款，如规定这笔贷款只能用于某个特定用途，或是要求公司借款人持有一定比例的易变现资产。

大多数金融交易都很容易受逆向选择和道德风险等信息

不对称问题影响。在银行提供贷款时，信息不对称是信用风险的主要来源，即借款人无法履行还款义务，使银行蒙受损失的风险。

杠杆与放大收益和风险

杠杆是指一家公司用来为其资产融资所借的债务额，这是银行不确定性的另一个主要原因。但凡银行为进行有风险的投资而融资借款，包括向借款人发放贷款（从银行角度看这是一种投资），它都增加了杠杆。如果一切如愿，杠杆会放大股东收 30
益；如果事与愿违，则会损害银行的偿付能力。

以下举例说明一个人从银行按揭贷款时杠杆是如何发挥作用的。假定一个人积攒了10万英镑的储蓄，他想用这笔钱买房。选项一是房主从银行借10万英镑，买20万英镑的房子。如果房子价格随后涨了10%，涨到22万英镑，他的资产净值就涨了20%，从10万英镑变成12万英镑；如果房子价格跌10%，跌到18万英镑，他的资产净值就缩水20%，从10万英镑降为8万英镑。如果房屋价格跌20%，资产净值缩水40%而降至6万英镑。采用选项一，房主的杠杆率适中，贷款初始价值是房屋价值的50%。然而，即便是这样适中的杠杆率，也会放大资产价格波动对房主所持有房屋权益的影响。

选项二是房主从银行借50万英镑，购买60万英镑的房子。如果房子价格随后涨了10%，到66万英镑，房主的资产净值增加60%，从10万英镑变成16万英镑；如果房子的价格跌10%，到54万英镑，资产净值就缩水60%，从10万英镑变成4万英镑。采用选项二，房主的杠杆率较高，最初的贷款价值是房屋价值的

83%，相应的放大效应也更大。如果房子价格跌20%，房主的资产净值将清零，因为房屋价值仅为48万，低于50万贷款额。

本例揭示了杠杆如何放大按揭贷款者的风险。然而，银行
31 本身也加杠杆，它们从储户或投资者那里筹资，所发放的贷款可能是其股东权益的许多倍。当银行的贷款和投资情况优于预期，杠杆会使股东的利润率翻倍。但是，杠杆也会加大风险。如果银行的贷款和投资情况不如预期，杠杆会使损失翻倍，可能危及银行的偿付能力。

信用风险和流动性风险

作为金融中介机构，银行承担多种风险。信用风险和流动性风险是其中两种最主要的风险。信用风险是指借款人不履行向银行偿还贷款义务的风险。当贷款逾期未还，意味着借款人无力偿还，银行必须在其资产负债表中对该笔资产进行减值。资产负债表的负债栏中也必须以扣减银行资本的方式做相应的减值。因此，资本具有缓冲作用，使银行能够承受贷款或其他投资的损失。如果银行的资本都被贷款或其他投资的损失抵销掉，银行就破产了。

资本对资产的比率是衡量银行承担亏损能力常用的指标，有时也称资本率，即银行的资本对其总资产的比率。杠杆倍数，有时也称杠杆率，是权益率的倒数，即总资产除以资本。资本率为10%的银行，杠杆为10倍（银行总资产是资本的十倍），有能力消化其资产价值10%以内的损失，此时其资产仍足以支撑其负债。资本率为5%的银行，杠杆为20倍，要保持清偿能力只能承受资产价值5%的损失。杠杆倍数越高，银行缓冲能力越低，

破产风险越大。 32

银行管理中经常要面对实现银行利润最大化和破产风险最小化二者之间的矛盾。以下举例对比两家银行的财务结构和绩效情况，分别称为低风险银行、高风险银行。所作假设如下：

第一，两家银行收取的贷款年利率为4%，该利率固定一年。

第二，两家银行支付的存款年利率为1.5%。该利率可能随市场利率变化而变化。市场利率有望不变。

第三，两家银行证券投资年收益2%。

第四，两家银行预计所投资的证券价值一直保持不变。

第五，两家银行为其负债支付的年利率为2%。

第六，即最后一条，两家银行按照相当于其贷款总额的2%提取借款人违约损失准备，列为成本。每年，两家银行发放的新贷款规模相当于预期违约额，由此预计贷款总额一直保持不变。

简单起见，资产负债表中不包括银行的实物资产，损益表中也不包括其运营成本。低风险银行资产为100，资本为8，即资本率为8%，杠杆为12.5倍。高风险银行资产为200，资本为8，即资本率为4%，杠杆为25倍。

图2为两家银行一年的期初资产负债表、损益表和期末资产负债表，这一年两家银行经营情况同它们预期的一模一样。 33
低风险银行实现了0.4的利润，除以其总资产100，资产回报率（ROA）为0.4%。高风险银行的利润为0.6，除以总资产200，资产回报率为0.3%。低风险银行的股本回报率（ROE）为5%（利润0.4除以资本8），而高风险银行的股本回报率为7.5%（利润0.6除以资本8）。低风险银行以8的资本支撑100的总资产，而高风险银行以同样的资本支撑了200的总资产。低风险银行的

资产回报率高，而高风险银行的股本回报率高。对股东而言，股本回报率比资产回报率更重要。股东更看重他们的股权利益回报，从这个角度讲，高风险银行的股东所获回报比低风险银行的高。这个例子表明，当经营符合预期时，杠杆倍数对股东有利。然而，一旦事与愿违，杠杆倍数越高的银行倒闭风险越大。老道的投资者会考虑风险调整后的回报率，把同银行资产负债表结构和投资策略相伴的风险考虑进来，而不是只盯着ROE。

通过压力测试可以检测信用风险的影响，如图3所示。假设贷款违约的实际损失为初始贷款业务总额的10%，而不是银行最初预计的2%。低风险银行的贷款损失预算为1.4，并按此发放新贷款，结果形成的贷款损失为7。这抹去了低风险银行0.4的利润，产生了5.2的亏损。低风险银行的贷款业务总量由70降至64.4（等于初始70减去违约的7，加上新发放贷款1.4），期末的资产负债表上配套地将低风险银行的资本从8减至2.4。尽管其资本基础变弱了，但低风险银行还能承受这笔损失，仍具备偿
34 付能力。

高风险银行的情况则更糟糕。高风险银行的贷款损失预算为2.8，并按此发放新的贷款，结果贷款损失为14。这抹去了高风险银行0.6的预期利润，产生10.6的亏损。高风险银行的贷款业务额由140降至128.8（等于初始140减去违约的14，加上新发放贷款2.8），足以将高风险银行的资本8冲销。高风险银行失去偿付能力，权益变成负数（负债超过资产），即−3.2。由于高杠杆率，高风险银行被出乎意料的贷款损失彻底毁掉了。

流动性风险是指，银行持有的现金或短期可变现存款等流动性资产不足，从而无法满足储户即时提款需求的可能性。仅

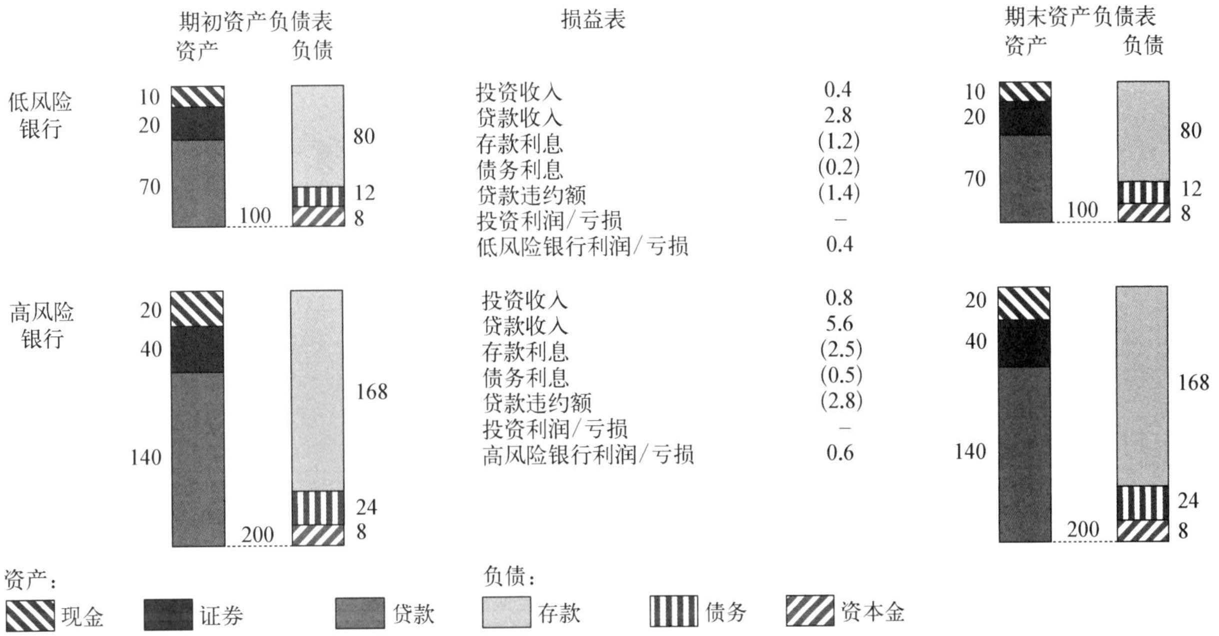

假设：投资收入=2%，贷款利率=4%，存款利率=1.5%，债务利率=2%，贷款违约率=2%，证券投资损失=0%，
低风险银行和高风险银行支付股息分别为0.4和0.6

图2　资产负债表构成：低风险银行和高风险银行

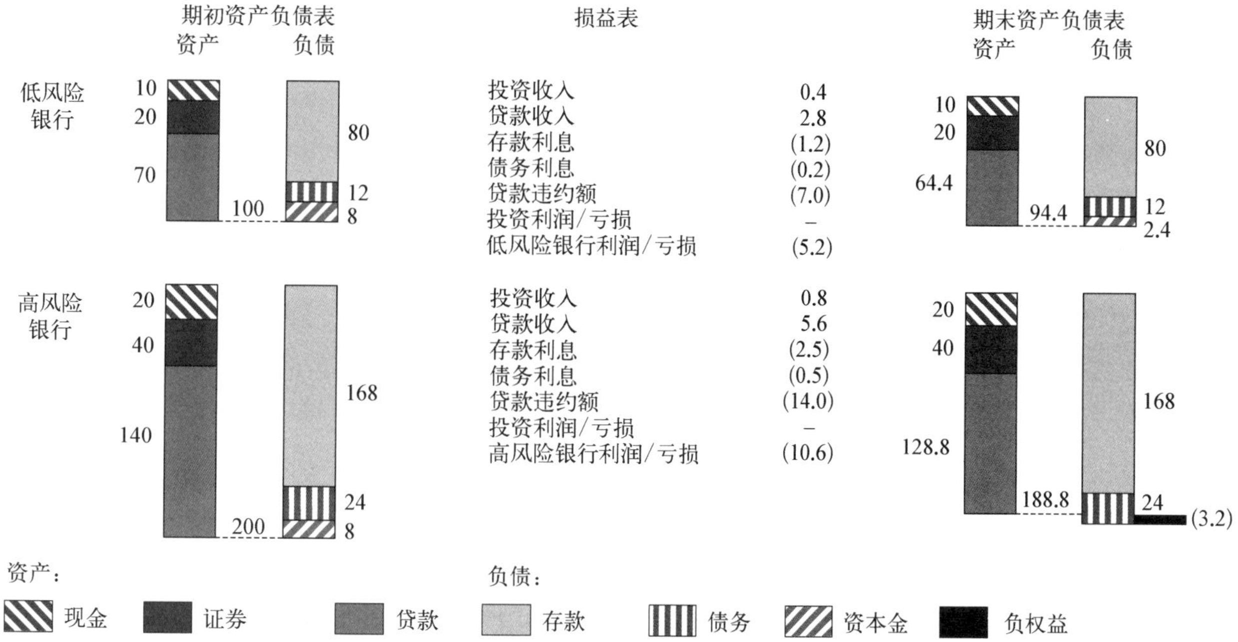

假设：投资收入=2%，贷款利率=4%，存款利率=1.5%，债务利率=2%，**贷款违约率=10%**，证券投资损失=0%，低风险银行和高风险银行支付股息分别为0.4和0.6

图3　信用风险：低风险银行和高风险银行

就其自身而言，流动性风险未必会威胁到银行的基本偿付能力，但是流动性短缺仍然可能带来灾难性后果。如果储户不相信他们能够及时取回资金，就可能产生恐慌，提款需求将迅猛增长。为筹集解决流动性危机所需资金，银行会试图出售证券、贷款等其他资产。然而，这种被迫在短期内“甩卖”的资产只能低价折让售出，致使流动性危机突变为偿付危机，因为这些损失会消耗银行资本。一旦储户的信心动摇，没有中央银行的救助，银行管理层恐怕就无法再掌控形势。中央银行的救助措施包括发放存款保险，或是提供储户提款所需的现金。

银行可以通过持有现金或在央行存款等流动性资产来降低
流动性风险头寸。但是，流动性强的资产通常比贷款或证券等 37
资产的回报低。提高流动性资产的比例可以降低银行流动性风险，但也会降低银行的盈利能力。

金融中介服务的其他风险

金融中介服务并非只有信用风险和流动性风险。市场风险是指银行的证券投资无法产生预期收益或是证券贬值的可能性。图4总结了对低风险银行和高风险银行进行压力测试的情况。假定两家银行的证券价值都意外下跌了25%，且按新市值记入期末资产负债表。在两家银行的资产负债表中，资产贬值均须相应冲减资本。低风险银行持有价值20的证券，期末记账减值到15，资本由8降至3，尚能承担5的损失，仍然具备偿付能力。高风险银行持有初始价值40的证券，减值到30，就无法承担10的损失，其初始的资本8被冲销。就像之前那样，高杠杆率致使高风险银行破产了。

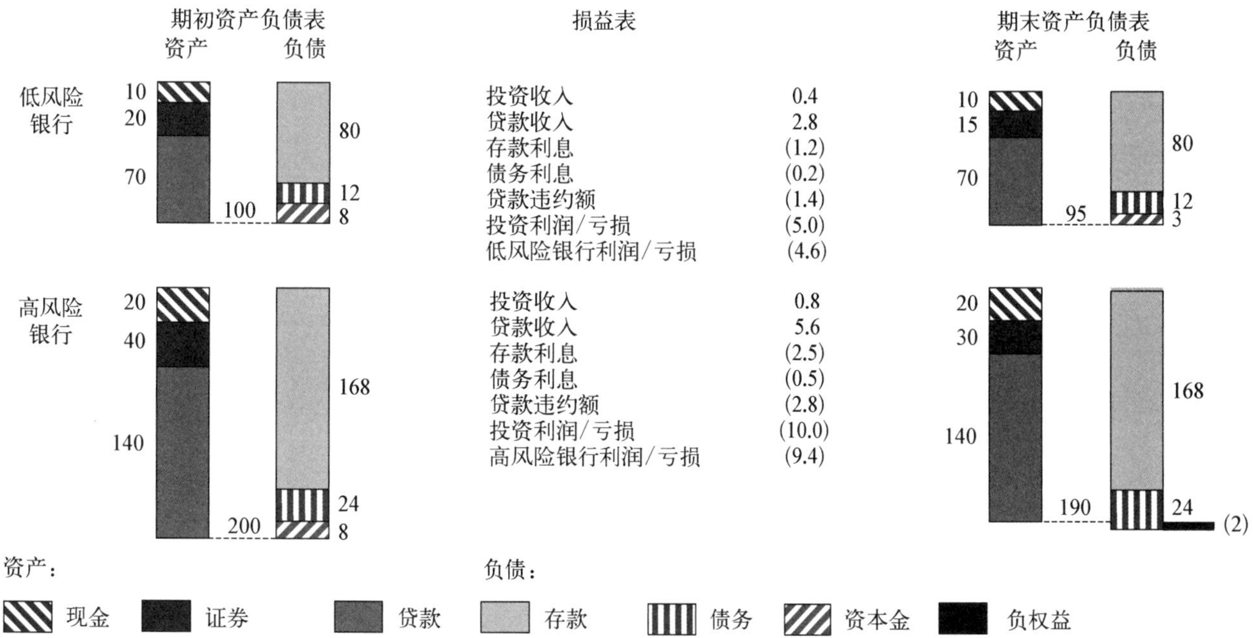

假设：投资收入=2%，贷款利率=4%，存款利率=1.5%，债务利率=2%，贷款违约率=2%，**证券投资损失=25 %**，低风险银行和高风险银行支付股息分别为0.4和0.6

图 4　市场风险：低风险银行和高风险银行

利率风险是指，市场利率上涨使得银行向储户支付更高利息，而银行不能立即改变贷款利率，贷款利率仍然保持不变的可能性。图5总结了这方面压力测试情况。假定市场利率陡然大涨，要求两家银行支付7.5%的存款利率，而非先前的1.5%。而银行现有贷款利率锁定为4%。这一损失耗尽了两家银行的库存现金。低风险银行的额外利息支出为4.8，原计划盈利0.4变 38
成亏损4.4，资本由8减值至3.2，这仍然可以承受。高风险银行的额外利息支出为10.1，预期盈利0.6变成亏损9.5。这笔损失超出了高风险银行的资本8，再次使高风险银行破产。

经营风险是指银行实物资产或人力资源运营造成损失的风险。恐怖主义或是洪水、地震等自然灾害可能威胁到银行的建筑或计算机系统。员工的疏忽大意、人为错误或欺诈行为等，都可能威胁到银行的偿付能力。

收支期限不匹配会产生结算风险。银行每天在银行间市场进行大量的借贷。银行间贷款让有短时超额流动性的银行可以赚取收益，而暂时流动性不足的银行可以获得所需资金。银行间市场通常是按净头寸来结算的，但如果一家银行的支付需求先于其可抵销的结算要求，它将无法偿还负债，稳定性将动摇。由于支撑银行净交易头寸的总交易量十分巨大，一家银行因暂时流动性短缺而倒下可能会迅速削弱其他银行的稳定性。

持有以不同货币计价的资产或负债的银行会受货币风险的影响。当外汇汇率发生不利变化，使资产负债表里的资产贬值、负债增加或是二者同时发生，就发生了货币风险。

主权或政治风险是指交易银行业务的盈利性或可行性受主 41

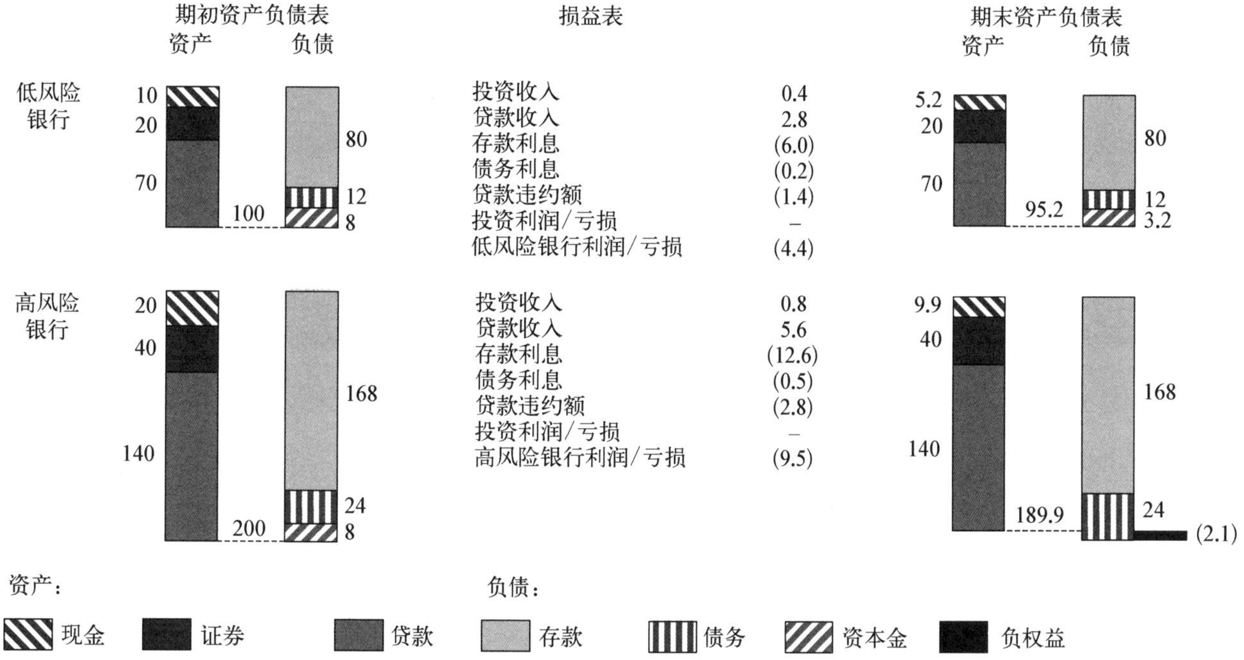

假设：投资收入=2%，贷款利率=4%，**存款利率=7.5%**，债务利率=2%，贷款违约率=2%，证券投资损失=0%，低风险银行和高风险银行支付股息分别为0.4和0.6

图5　利率风险：低风险银行和高风险银行

权政府决策影响的风险。例如，主权政府可能将一家或多家银行国有化，实际上是没收它们的资产。主权政府可能管控利率水平或外汇汇率。主权政府可以对银行或其他金融机构进行惩罚性征税。这些措施都可对银行的盈利能力或运营能力产生重大影响。 42

第三章

证券化银行业务

如第二章所述，传统的银行业务模式是基于银行的金融中介作用建立的。在2007年至2009年全球金融危机之前的二三十年间，出现了另一种经营模式，同传统银行业务并驾齐驱，甚至取而代之。“证券化银行业务”这一名词被创造出来，用于统指这类经营模式。

回购市场及其他短期筹资渠道

银行日渐倾向于减轻对存款这一短期筹资渠道的依赖，更多依赖其他渠道，这是证券化银行业务发展的一个重要原因。其中被银行和一些影子银行广泛采用的一个渠道是回购（出售和购回）市场。银行（或其他任何愿意利用回购市场进行短期流动性融资的交易方）将一笔证券（如政府债、公司债、公司股票）卖给投资者，并承诺一段时间后，通常是第二天再从这个投资者手里买回该笔证券。回购价格略高于出售价格，差额同存
43 款隔夜利息差不多。通常是售价低于标的证券的实际价值，这

使得卖方（实际上是回购方）没有回购承诺违约的激励。如果这一方真的违约了，投资者有权终止协议，继续持有或出售该笔证券。“减值率”指扣减担保资产市值的比例，这取决于持有该证券的可识别风险。

过去三十年间回购市场取得了巨大的发展。对提供这类融资的投资者而言，主要优势是证券就是这项交易的担保品。如果卖方（借款人）违反回购承诺，回购协议中的买方（贷款人）可以出售这些证券。万一卖方申请破产，如果没有这些担保品，买方将不过是一群试图通过银行破产程序拿回钱的债权人中的一员。在传统金融中介服务中，小储户的利益由政府背书的存款保险负责保障。然而，这种保障并不适用于公司、影子银行或其他金融机构等大型投资者。回购市场满足了大型投资者对短期有担保借贷市场的需要。

其他的短期融资渠道还有商业票据（CP）、大公司发行的固定期限的短期本票，通常期限最长为九个月。声誉好、信用评级高的公司用CP进行短期借款，用于股票或其他流动性资产等项目。CP没有抵押品担保，买方或投资人靠的是发行人的声誉。CP的收益通常比公司债更高。

资产支持商业票据（ABCP）是另一种短期证券，通常期限为三至六个月。当一家企业想筹资，它可以找到一家银行发行ABCP，卖给投资者。ABCP通常由一个SPV来发行，可以用 44
交易应收款作担保，数额取决于该企业向客户提供产品或服务后应收取的款额。收到应收账款时，该企业将收入转给银行或SPV，随即由之将钱还给投资者。

衍生品

衍生品是一种证券，其价值取决于（“衍生自”）一个或多个标的金融证券或指数的价格，如股票、债券、股指、利率、商品、汇率等。衍生品可在有组织的交易所交易或场外交易（OTC）。场外交易衍生品由交易双方进行双边协商和交易。衍生品的主要类别有远期合约、期货、互换和期权等。远期合约指双方在场外达成的协议，以当前约定的价格在未来某个日期进行交易。期货与远期合约相似，只不过是在有组织的交易所内交易。互换交易各方承诺在未来若干时点进行一系列现金流交换。常见的有利率、货币、商品互换交易。期权提供的是一项权利，而不是义务，它允许一方选择在某一天或是某天之前可按事先确定的价格购买（称为看涨期权）或出售（看跌期权）某笔金融资产。期权持有者可以自由运用买或卖的权利，或是听任这项合同规定的权利失效。信用衍生工具是一种价值取决于某笔贷款组合的信用风险的衍生品。

银行把衍生品用作风险管理工具，对冲利率或汇率反向变化的风险。银行也可以投机，持有衍生品头寸，期望从标的资产价格变动中牟利。衍生品对风险的影响与加杠杆类似，给予投
45 资者赚取巨大利润的机会，但也有巨额亏损的风险。例如，1995年英国最老牌的一家投资银行巴林银行，就因其一名交易员在衍生品交易中亏损13亿美元而倒闭了。场外衍生品市场规模十分庞大。据国际清算银行（BIS）估算，截至2014年6月底，在执行中的场外衍生品合约总量约为691万亿美元，总市值约为17万亿美元。

证券化

通过回购市场或其他渠道筹集短期资金后，银行可以调配这些资金用于向购房者等借款人发放贷款。在传统银行业务模式下，银行通常要审查借款人的信用记录和还贷能力。在证券化银行业务模式下，这些工作通常都外包给了抵押贷款经纪人等直接贷款人，他们发放贷款并且只持有很短的时间，然后就将之卖给银行。

“证券化”一词是指银行将大批贷款打包出售给SIV的做法，SIV是银行设立的负责管理贷款的机构。这些贷款可能是银行自己发放的，也可能是从直接贷款人那里买来的，但在这些贷款到期前，银行的资产负债表中都不会有所体现。银行放弃这些贷款预期所产生的收入流，转而获得了一次性现金支付。SIV以这些贷款的预期未来的收入流为支持，发行结构化证券来筹集收购这笔贷款包所需资金。这类证券被称为资产支持证券（ABS），当标的贷款有不动产作为抵押时，亦可称为住房抵押贷款支持证券（MBS）。SIV会聘请一家承销商，通常是投资银行，负责设计、营销和向投资者销售ABS。一次性投资购买ABS后，
投资者能够获得源自这些贷款的收入流的定期支付。在ABS市 46
场里，MBS是规模最大的品种，但任何能够在未来产生收入流的资产或活动都可以用这种形式证券化。例如，学生贷款、信用卡费用和利息支付也都被证券化了，结果就创造出新的ABS。

在全球金融危机之前，地域多元化被认为是MBS等证券化产品的主要优势之一，特别是美国的许多小银行只在当地做生意，这个优势更为明显。在当地发放住房抵押贷款并将之体现

在资产负债表上的小银行，更容易受到当地房地产市场崩盘的影响。通过将这些住房抵押贷款同其他不同区域的房屋担保贷款打包，证券化业务末端的投资者可以从地域多元化中受益，可以最大限度避免他们受到某一个地方房地产市场崩盘的影响。当然，当全国房地产价格都崩溃时，这种地域多元化的优势就荡然无存。

从多个方面看，SIV和承销商构建MBS（统称ABS）的做法，往往是放大金融系统风险，而不是降低风险。MBS中一个关键的放大风险的设计是信用分组，即把每个证券化资产包切分成几个类别的证券，按照承担标的抵押贷款组合违约所致损失的程度设置不同的条款。举一个高度简化和程式化的例子，假定有2 500笔一年期住房抵押贷款组成资产池要进行证券化，平均每笔价值20万美元，预计年违约率为2%。通常的证券化方法是设一个次级组别，负责承担前10%的违约损失；设一个夹层组别，负责承担接下来的5%的违约损失；设一个优先组别，
47 负责承担前面由次级和夹层组别承担的15%以外的所有违约损失。图6举例说明了MBS的结构，审视了不同违约率对次级、夹层和优先组别实际价值的影响。

次级组别的名义价值可能是1亿美元，但由于预计违约率为整个资产包的2%，约1 000万美元，次级组别以名义价值的折扣价向投资者出售。考虑到预期损失为1 000万美元，投资者购买次级组别的折扣至少为10%，售价减至9 000万美元。实际上折扣可能更大，取决于市场对违约风险的评估是否高于（可能大大高于）2%。MBS的结构放大了次级组别购买者的伴生风险：如果实际违约损失为整个抵押贷款池的1%（500万美元），次级

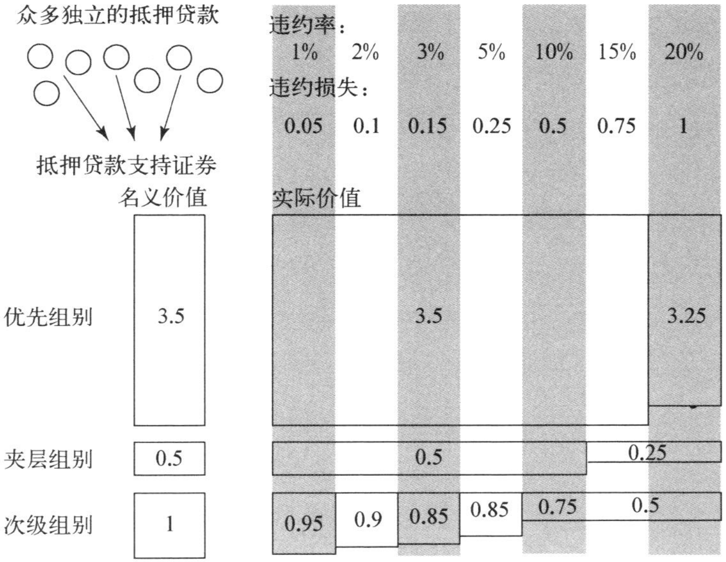

图6　抵押贷款支持债券额分割（单位：亿美元）

组别价值9 500万美元，而如果损失率为3%（1 500万美元），次级组别价值只有8 500万美元。相对于违约率2%时次级组别9 000万美元的价值而言，违约率无论向上还是向下波动1个百分点，都会使次级组别的实际价值波动5.5个百分点。 48

如果整个抵押贷款池的违约率超过10%，违约损失会对夹层组别产生影响。在全球金融危机前正常的房地产市场条件下，大部分市场参与者都认为这种情况发生的概率极低。夹层组别的售价可能非常接近名义价值，而且很可能获得无风险信用评级。同理，优先组别也可能以名义价值出售，也获得无风险评级。

信用分组的做法不仅放大了风险，还带来了复杂性和不透明性。MBS各个不同组别的投资人都完全了解其投资结构和风险吗？并非如此。然而，在全球金融危机之前，结构化证券产品和衍生品还有其他创新设计，进一步加剧了风险、复杂性和不透明性。将前例进行扩展，来自5个不同MBS产品中的次级组别可能被捆绑在一起，再次进行信用分组，创造出一个被称为担保债务凭证（CDO）的新型证券，这是一种信用衍生工具。在本例中，CDO可能名义价值5亿美元，被切分成5个规模相同的组别，每个名义价值1亿美元。如果这5个抵押贷款包的违约率为2%，预期违约损失为5 000万美元（5乘以1 000万美元）。该CDO中的最低级组别可能要承担5个抵押贷款包全部违约损失的前4%（1亿美元）。下一组别可能负责承担接下来的4%的损
49 失，依此类推。如前所述，大部分风险都由最低级组别承担了。假定这个资产池的实际违约率没有超过4%（两倍于预期违约率），违约损失全由最低级组别的持有者承担。最低级组别的售价比名义价值低很多，信用评级也低；但是其余四级组别都会以接近名义价值的价格出售，信用评级较高。

在前面那种情况下，MBS的5个次级组别总名义价值5亿美元且均被认为是高风险的，而现在CDO的5个组别中有4个成了低风险的，名义价值4亿美元，以接近名义价值的价格出售。看起来设立CDO大大降低了MBS中80%组别的风险。但是，在全球金融危机中，住房抵押贷款发生大规模违约，给CDO中那些原被评为极低风险的组别造成了巨大的损失（见第六章）。

图7是证券化银行业务模式简图。图的上半部分同传统银行业务类似，此时银行在存款人和借款人之间起到中介作用。

图的下半部分展示了证券化银行业务模式的主要元素，抵押贷款池被从银行转给SIV，打包成MBS，直接出售给投资者，或是在出售给投资者之前再次打包成CDO。银行仍可能通过回购市场或出售ABCP来筹集短期资金。

还有一种信用衍生工具——信用违约互换（CDS），这是全球金融危机发生前几年的金融创新产品，其使用或者说误用后来成为引发金融危机的一个主因。CDS是一个保险合同，确保买方不承担因证券发行方违约而造成的损失。该证券可以是政府债券、公司债券、ABS或CDO。CDS的买方（被保险人）向卖 50
方（承保人）支付定期保费，被称为CDS点差，直至该笔证券到期或是违约。在该笔证券违约的情况下，CDS的卖方向买方支付违约所导致的损失金额。

起初创造这个产品是为了使债券持有人对冲可能出现的债券损失，换言之是为了降低风险，CDS市场在21世纪迅猛发展。2015年，国际清算银行报告称CDS合同市值总计约为4 530亿美元。早期CDS市场的发展多是由投机于公司违约预期的投资者们推动的，他们在没有任何“可保利益”的情况下持有公司债券。CDS合约的买卖双方，亦称CDS对手方，一开始都面临CDS交易结果不确定的风险：不违约的概率高，买方向卖方支付的金额少；卖方因违约向买方支付大笔金额的概率低。在全球金融危机最猛烈的时候，CDS引致的系统性风险（影响到整个金融系统稳定性的风险）暴露无遗：如果卖方（承保人）破产，无法在证券违约时进行偿付，会发生什么？ CDS一方破产违约可能致使其他很多人破产，因为他们都依赖于从最初违约者那里得到偿付。

51

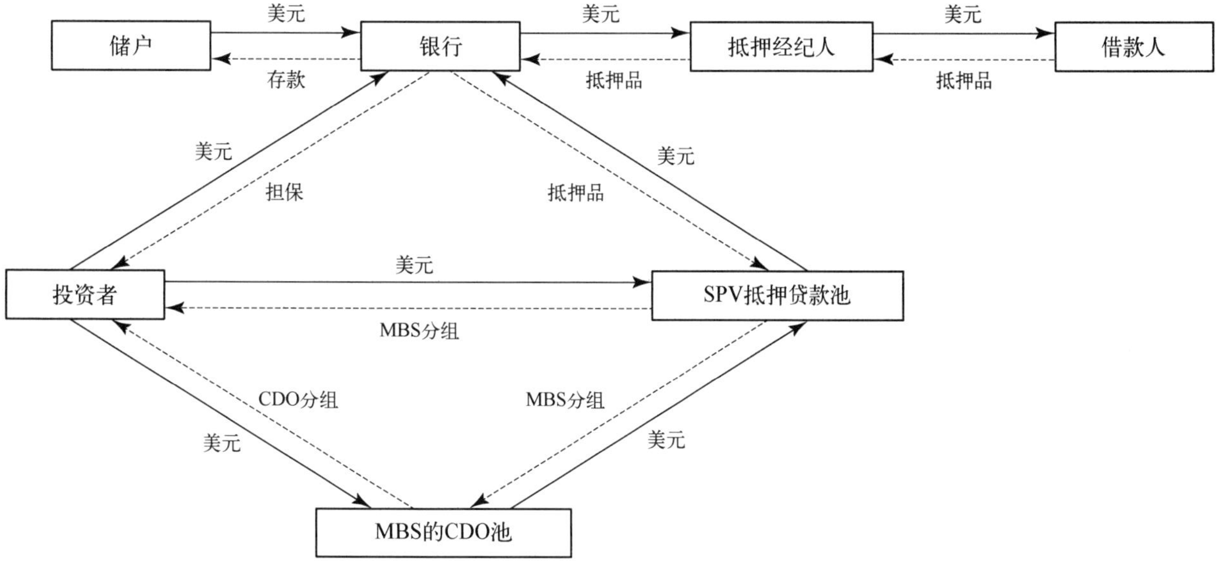

注：实线表示现金流，虚线表示相应资产/负债的转移。

图7　证券化银行业务模式

影子银行系统和证券化银行业务

影子银行系统同投资银行和一些商业银行一起，在证券化银行业务模式中发挥重要作用。在证券化银行业务模式中，传统的中介服务功能被拆分成几个阶段，以利于将流动性差的长 52
期贷款转化成短期证券。影子银行活动可以利用回购市场等抵押融资渠道，也可以利用无抵押融资的商业票据，以及资产支持商业票据。

影子银行实体的行为能够增强流动性并扩散风险。例如，证券化使诸如住房抵押贷款等流动性差的资产得以在MBS的流动性市场上交易。但是，许多影子银行机构杠杆率高、不透明，而且因不需要像银行那样经许可授权经营而逃避了监管和规制。影子银行机构的存款不受政府存款保险保护，没有中央银行最终贷款人的支持。如果鼓励将风险转移到不受监管的影子银行部门，那么加强传统银行业务监管的努力恐怕难以达到预期效果。由于传统银行和影子银行机构之间相互关联，影子银行业务给金融体系的稳定性带来风险。银行通常是影子银行机构所发行证券的主要投资者，而且银行常常为影子银行机构提供信用担保。因此，影子银行系统的任何风吹草动，都会直接
影响到传统银行的稳定性。 53

第四章

中央银行与货币政策管理

在大多数国家，中央银行是管理该国货币供给和利率的银行。大多数中央银行独具货币发行权，且多数承担监督或管理银行业的职责。欧洲中央银行（ECB）是个例外，其将监管欧元区内小型银行的责任授权给了各个国家层面。中央银行通常有双重职责——政府的银行和银行的银行。

中央银行的作用

作为政府的银行，中央银行管理政府的金融事务，负责发行货币、创造信用、执行货币政策。货币政策包括影响货币和信用供需、利率水平等。中央银行施加影响的方式包括：交易政府或公司债券等证券，在外汇市场进行外汇交易，直接向商业银行提供贷款。如果中央银行认为经济过热、通胀率有上升风险，通常
54 的应对之策是提高利率，从而抑制企业和消费者的借贷需求，减少经济社会的商品和服务消费支出。相反，如果经济增长过缓、通胀率过低，甚至可能为负值（通货紧缩），就可能会降低利率

以刺激借贷需求，扩大商品和服务消费。

政府可能要求中央银行负责实现以下部分或全部政策目标：维持低和稳定的通胀水平、保持经济高速稳定增长、维持高就业率、稳定利率水平、稳定汇率水平、稳定金融市场等。尽管政治家可以指示并对中央银行的既定政策目标负责，但近数十年来全球普遍认同独立性原则应当作为中央银行的法定特征，即不对中央银行运营事务施加政治干预。独立性原则的意思是，中央银行应当有权掌控自己的资金，能够做出不被政治家推翻或逆转的决策。通常而言，货币政策由委员会决定，委员会成员包括中央银行高级官员，以及银行业高管、货币经济学或宏观经济专家等独立外部成员。许多中央银行委员会的决策过程是透明的，他们会公开委员会会议纪要或投票情况（例如，投票赞成或反对利率调整的委员会成员数量）。

作为银行的银行，中央银行为其他银行提供服务。法律规定所有的商业银行都必须在中央银行存款，称为存款准备金。在正常时期，商业银行可以按常规方式向中央银行借款，获得日常业务所需资金，也可以在遭遇财务困难时，向作为最终贷款人 55
的中央银行紧急借款。中央银行还管理银行间支付网络，通过监督每家银行的行为发挥监管作用，以实现金融稳定目标。

英国、欧盟、美国的中央银行

英国的中央银行英格兰银行，在1946年国有化之前一直是股份制银行。1997年，即将上任的工党政府宣布英格兰银行将被授予独立的货币政策决策权，1998年该独立权得到落实。银行的货币政策委员会（MPC）负责管理货币政策。MPC由一名主席、两名副主席、两名银行高管，以及四名由财政大臣任命的成员组成。MPC负责设定英格兰银行的基准利率，即英格兰银行向商业银行提供短期贷款的利率，每月一次。在设定利率水平时，英格兰银行必须遵循政府确定的通胀目标，最初是零售价格指数上涨2.5%，2003年调整为消费价格指数上涨2%。

欧洲中央银行成立于1998年，是欧元区的中央银行，（目前）由28个欧盟成员国中的18个组成。28个成员国的中央银行都是欧洲中央银行的股东。欧洲中央银行执行委员会由主席、副主席和欧盟成员国政府首脑任命的4名成员组成，负责实施货币政策。管理委员会是主要的决策机构，由执行委员会的6
56 名成员和18个欧元区成员国央行行长组成。欧洲中央银行只有稳定物价一个目标，即欧元区按消费价格指数计算的通胀率接近但低于2%。与其他中央银行不同的是，欧洲中央银行不得采用直接购买欧元区成员国政府债券的方式来打压利率，这种做法在实践中被称为货币融资法。然而，近年来欧洲中央银行在二级市场大量进行欧元区政府债交易。

美国联邦储备体系成立于1913年，包括12家区域性联邦储备银行，其中最大、最重要的是纽约联邦储备银行。联邦储备银行是联邦特许的非营利性银行，由其所在地属于联邦储备体系成员的商业银行共同所有。所有的联邦特许银行和部分州特许银行是联邦储备体系的成员。联邦储备体系由联邦储备委员会管理，任务（由议会授予）是推动高就业、稳定的物价、适度的长期利率。联邦公开市场委员会（FOMC）负责执行货币和利率政策。

中央银行的资产负债表

中央银行用于影响经济体内循环的货币和信用规模的主要工具，是扩大或收缩其资产负债表规模。表3显示了中央银行资产负债表中资产和负债的主要科目。

中央银行资产负债表中的负债栏列示了中央银行为其交易活动筹资而使用的资金来源，以及中央银行的资本（净值）。在银行体系之外持有的中央银行发行的现金或创造的存款，是筹资来源之一，因此被视为负债。 57

表3 中央银行资产负债表的科目

资产	**负债**
证券	非银行公众持有的现金
外汇储备	政府存款
贷款	准备金：商业银行存款，商业银行持有的现金
	总负债
	资本/净值（等于资产减负债）
总资产	**总负债和资本**

政府在中央银行设有存款账户，缘于政府需要有个账户来收取以税收为主的财政收入，并进行政府采购支出。

准备金包括商业银行在中央银行的存款，以及商业银行在其自己金库里存放的现金。商业银行在中央银行的存款可以随时提取，这些存款连同商业银行的库存现金，是商业银行可用于满足其储户提款需求的全部资金。为维护储户对银行系统的信心，有些国家的中央银行规定了最低准备金要求，每家商业银行

必须按其存款的一定比例持有准备金。在那些没有法定最低准
58 备金要求的国家，商业银行仍然会持有准备金，以显示其流动性
足以满足储户日常提款需求。

在中央银行资产负债表的负债栏中，非银行公众持有的现金和商业银行的准备金（包括其自持现金）被称为基础货币。

在中央银行资产负债表的资产栏中，与其他银行的操作如出一辙，中央银行利用从储户及其他渠道筹集的资金发放贷款，以及购买其他资产。

在大部分中央银行的资产负债表里，规模最大的资产是证券。在全球金融危机前，中央银行持有的证券主要是母国政府发行的国债。在危机中，许多中央银行为重塑金融市场信心，大规模购买其他风险较高的证券，如公司债和MBS（住房抵押贷款支持证券）。

外汇储备指中央银行持有的外币，包括以外币单位计价的他国政府发行的债券。一国的出口和投资资本流入需要中央银行将外币兑换为本国货币，这使得中央银行积累了外汇储备。相反地，进口和投资资本流出需要中央银行将本国货币兑换成外币，这会消耗外汇储备。为影响或稳定汇率，中央银行可能直接干预外汇市场。汇率是指两种货币进行兑换的市场价格。

通常而言，商业银行是中央银行贷款的主要对象。然而，
59 在全球金融危机期间，一些中央银行直接向非金融企业大规模
发放贷款，旨在弥补诸多商业银行减少新增贷款、缩小贷款规
模所造成的影响。贴现贷款通常向需要短期融资的商业银行发
放。一般来说借款行必须提供担保品，证明其有资格按标准利
率——亦称贴现率——向中央银行借款。因没有资格按贴现率

借款，也无法从其他地方融资而陷入困境的银行，可以更高的利率申请中央银行应急贷款。作为最终贷款人，中央银行应当查清陷入困境的银行的基本面是安全的，该笔贷款能够帮助银行走上复苏之路。

国际货币基金组织

国际货币基金组织（IMF）总部在纽约，始建于1945年，旨在促进货币政策的国际合作与监督，向出现偿付能力不足、面临外汇储备耗尽威胁的国家提供贷款，重建1930年代“大萧条”和“二战”后的国际支付体系。目前有188个成员国按配额向资金池注入资金，出现收支困难的成员国可以通过其中央银行从中获取贷款。向这些国家提供紧急贷款便利的理论依据是，如果没有这笔贷款，面临外汇储备耗尽的国家恐怕必须采取极端的、高破坏性的通缩措施来控制收支赤字，避免对国际贷款人违约。要不然，出现赤字的国家也可以干脆选择违约。应急贷款便利
措施有助于促进国际金融稳定。从IMF借款通常是有前提条件 60
的，即要采取政策措施纠正所有导致收支赤字的宏观失衡问题。有时候，IMF会因其应急资金的申请条件过于苛刻而受到指责。

货币政策的执行

由中央银行执行货币政策的职责，是因为在所有银行、金融机构及非金融企业中，中央银行的独特性在于它能直接掌控自身资产负债表的规模和头寸。

公开市场操作（OMO）是指中央银行在公开市场买卖证券。公开市场交易的证券通常是政府债券，或其他类型的固定

利率债券。中央银行一般以与商业银行交易证券的方式进行公开市场操作。假设中央银行在公开市场购买价值100英镑的证券，卖方为A银行。证券所有权从A银行转给中央银行，A银行在中央银行的账户（其中包括A银行的存款准备金账户）中就会贷记一笔100英镑的收入。表4简要列示了A银行和中央银行资产负债表的调整情况。

这次OMO交易的结果，A银行资产负债表的资产栏发生了结构变化：证券减少了100英镑，作为弥补，准备金（在中央银行的存款）增加了100英镑。同时，中央银行资产负债表规模扩大（扩表），资产一栏中证券增加了100英镑，负债栏中的准备金（收到的商业银行存款）增加了100英镑。

表4　公开市场操作，商业银行和中央银行的资产负债表

A银行		中央银行	
资产	负债	资产	负债
证券−100		证券+100	准备金+100
准备金+100			

61

外汇市场干预是指中央银行在外汇市场买卖外币，这也会影响中央银行资产负债表。中央银行既可能买卖现汇（纸币），也可能买卖以外币计价的外国政府债券。假定中央银行从A银行购买价值100英镑的外币，这笔外汇从A银行转给中央银行，A银行在中央银行的账户因此贷记了100英镑。与公开市场操作的例子一样，中央银行资产负债表规模扩大了：在资产一栏，外汇储备增加了100英镑，在负债一栏准备金（来自商业银行的存款）增加了100英镑。

贷款给商业银行对中央银行的资产负债表也有同样效果。假设中央银行按A银行的意愿借给其100英镑，执行该交易就会给A银行在中央银行账户存入100英镑。中央银行资产负债表规模将扩大：给A银行的贷款是一笔100英镑的资产，而在负债表中准备金（来自商业银行的存款）也增加了100英镑。

在日常货币政策操作实践中，公开市场操作比较多，相比之下干预外汇市场和直接向商业银行贷款这两种方式用得较少。许多国家干预外汇市场的目的主要是管理外汇汇率。中央银行直接贷款给商业银行即贴现贷款的情况一般非常少，除非是在 62
发生危机之时，彼时商业银行别无他法，只能向中央银行借钱。

存款扩张倍数

中央银行资产负债表规模的变化如何反映到货币供应量，即经济社会中循环流通的货币总量上呢？各国对货币供应的定义不尽相同，但总的来讲官方所称的货币总量有广义和狭义两种概念。狭义的货币供应，亦称基础货币，包括非银行公众持有的现金和商业银行的准备金（银行金库里的现金及其在中央银行的存款）。广义货币供应的范围更广，包括流动性金融证券和银行存款。

中央银行资产负债表规模扩大，或者说狭义货币供应，是如何影响广义货币供应的呢？一个机械的答案是“存款扩张倍数”。现在已经鲜有经济学家坚持用存款扩张倍数来刻板地解释货币政策的机理，但以下仍举例说明一下银行系统是如何创造货币的。

假设所有的商业银行计划按其总存款的10%持有准备金

（在中央银行的存款或金库里的现金）。图8显示，当中央银行通
过公开市场从A银行买入证券，A银行在中央银行的准备金增加
了，尽管此时A银行的存款额并没有变化。A银行忽然就拥有了
高于计划比例10%的准备金。对此，A银行可能发放新的贷款，
因为所获贷款利率高于中央银行给的准备金利率。A银行向客
户发放一笔100英镑的贷款，存入该客户的账户。A银行在中央
63 银行的准备金减少相应数额。然后该客户使用这笔100英镑的贷
款，向商品或服务供应商签发一张支票或进行电子支付。

假设供应商的银行账户设在B银行。B银行发现其存款增加了100英镑，得决定如何利用这笔资金。B银行必须按照计划将这100英镑的10%，即10英镑存入中央银行作为准备金。B银行可以将剩下的90英镑用于再发放一笔贷款。借款人用掉这笔90英镑的贷款，这笔钱又转到了下一个商品或服务供应商那里。

假设这个供应商的银行账户设在C银行。C银行发现其存款额增加了90英镑，得决定如何利用这笔资金。C银行必须按照10%的比例在中央银行存入9英镑的准备金。C银行可以用剩下的81英镑再发放一笔贷款。这样存款扩张的过程可以无限循环下去，但每一轮可用于贷款的数额会越来越小，如图8所示。

这个过程中创造的所有新的银行存款，构成了广义货币供应。整体增加的广义货币供应量如下所示：

100+90+81+72.90+65.61+59.05+……=1 000英镑

本例中的存款扩张倍数为10：最初通过公开市场操作增加
64 100英镑狭义货币供应，使广义货币供应增加到1 000英镑。在
现实生活中，对广义货币的影响可能不像上例所说的那样容易

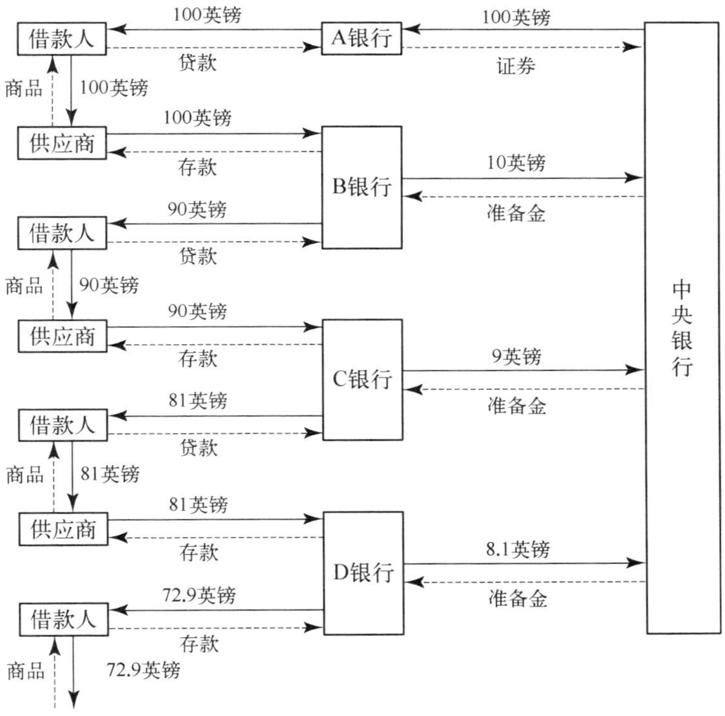

图8　存款扩张倍数

预测。如下所示，在图例中考虑其他两个因素，会降低存款扩张倍数。

第一，该例假设每家银行宁愿放贷而不愿在中央银行持有超过10%比例的准备金，因为贷款利息比准备金利息高。但是，放贷是有风险的，有时候银行会为了安全选择提高准备金，而不是按其资产负债表可支撑的最大规模放贷。在存款不断扩大的过程中，如果有些新增存款转成了增加的准备金，存款扩张倍数就降低了。

第二，如果银行新发放贷款的借款人，或是用借款买的那些
65 商品或服务的供应商，决定持有他们收到的一部分现金，而不是
都存在银行，存款扩张的进程就会受阻。该例假设每笔新增贷款都成为另一家银行的存款，接着被用于进一步放贷，但如果其中部分新增贷款被公众以现金方式持有，存款扩张倍数就降低了。

目标利率

理论上讲，中央银行运用公开市场操作、外汇市场干预、直接贷款给商业银行等办法应当能够直接控制狭义货币，并通过存款扩张倍数间接控制广义货币。然而实践证明，这些操作下的存款扩张倍数十分不稳定，难以作为执行货币政策的基本手段。英格兰银行以及瑞典、澳大利亚、新西兰等国的中央银行，不对存款准备金做最低限要求，取而代之地依靠其他工具来约束银行贷款规模，如资本要求。即便是那些设定了存款准备金要求的中央银行，比如美联储和欧洲央行，也不认为调整这些要求是实用的货币政策工具。相反，多数中央银行会设定一个隔夜银行间借贷市场利率目标，主要通过公开市场操作来操控准备金总量，使得由资金供需双方决定的银行间借贷市场实际利率接近目标利率。贴现率是一个较高的利率，是中央银行借款给那些银行间市场无法满足其资金需求的银行所要求的利率。存款利率是基于准备金而支付的一个较低的利率。贴现率和存款利率分别是银行间市场利率的高限和低限。

图9图示了银行间借贷市场的供给和需求情况。向下的斜
66 线表示借入资金需求随着利率变化的情况：利率越低，借入资金
的需求越旺盛。中央银行确定银行间借贷市场目标利率，预估

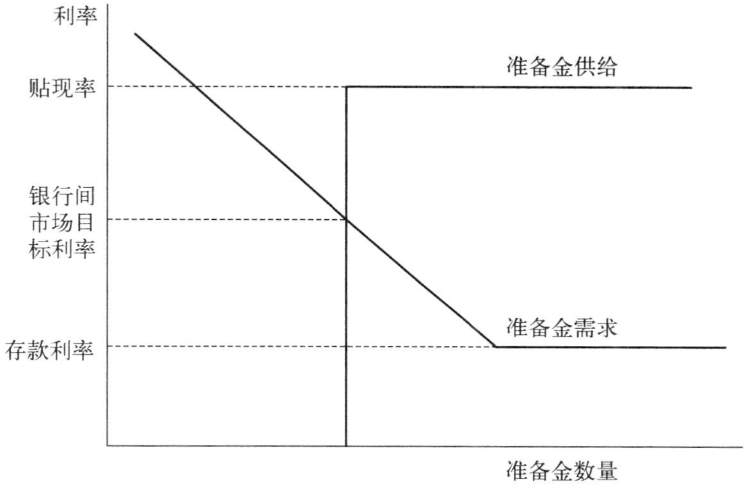

图9　银行间借贷市场的供需情况

该利率水平下的资金需求量，然后通过公开市场操作放出这个规模的准备金。在预估需求水平上，准备金供给是条垂线。在贴现率水平上，准备金供给是水平线，因为中央银行愿意以该利率满足任何一家具备资格的银行的借款需求。在存款利率水平上，准备金需求是一条水平线，因为如果银行在中央银行的准备金存款可以赚得同样的利率，那么它们愿意借入任何数量的资金。

斯坦福大学的约翰·泰勒在1993年研究报告里提出的泰勒规则，是一个设置目标利率的指南，非常有影响力，特别是在全球金融危机前颇具影响。泰勒规则认为，当通胀率高于目标，或实际产出高于潜在产出而引致通胀压力，银行间借贷市场目标利率 67
应该提高到高于维持通胀率和充分就业所需的水平。相反，当通胀率低于目标，或实际产出低于潜在产出而导致了高失业率，银行间借贷市场目标利率应当低于维持通胀率和充分就业所需的水平。尽管美联储从未明确宣称采用泰勒规则，但一些实证研究表明，该规则是对1990年代和2000年代初期美国货币政策的精确写照。在其他许多国家，目标利率也是最受欢迎的货币政策工具。由于在货币总量目标与稳定的低通胀率等政策目标之间没有明确的关系，1980年代广为运用的设定货币供应量目标的做法备受质疑。1990年代广为运用的直接锚定通胀率的做法也逐渐失势，因为这个操作的效果时滞不知道有多久，而且仅强调稳定通胀率单一目标，很可能加剧产出和失业率的不稳定。

量化宽松和前瞻性指引

2007年至2009年的剧变无情地表明，传统的货币政策工具在金融危机时无法为防止经济出现最糟糕的结果提供必要的刺激。如果目标利率降到零以下，实施目标利率政策就会出现困境。银行不可能愿意以负利率贷款给其他银行，反而可能宁愿持有现金，赚取零收益。因此，在零利率也无法对经济产生足够刺激作用的情况下，泰勒规则无法再有效指导货币政策。

当金融市场因普遍丧失信心而疲软时，还会出现另一个困
68 境。例如，随着2008年9月雷曼兄弟投资银行倒闭，全球金融危机进入高潮，银行间借贷市场交易量骤然下降，银行对彼此的偿付能力没有信心。在核销贷款坏账或对其他资产做减值处理后，商业银行试图改善资产权益比，大刀阔斧地削减给小企业及其他借款人的贷款。这些变化严重影响了锚定目标利率等货币政策工具的有效性。

量化宽松（QE）是危机以来被广为应用的最有名的“非传统”货币政策工具。它是指中央银行从银行及其他金融机构购

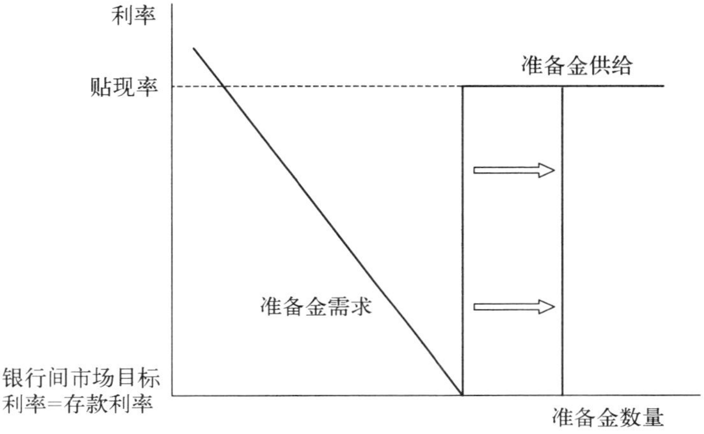

图10　量化宽松对银行间借贷市场的影响

买证券，提供目标利率降至零之后所需的准备金。图10显示了量化宽松政策的一种情形。中央银行购买的证券可以是政府债券，也可以是其他风险更高的资产，如私营企业发行的债券、住房抵押贷款支持证券等。

量化宽松计划可以通过几个渠道影响经济活跃度。首先，向银行系统补充的准备金可以通过存款扩张倍数效应，为银行增加私人部门信贷提供基础。其次，把长期证券出售给中央银行的银行可能急于将这笔收入用于发放长期贷款，以确保其资产负债表上的长期和短期资产匹配。再其次，量化宽松可以通过影响长期借款需求来影响经济活动。对长期证券的需求增加，这些证券的价格就会上涨，使长期利率面临下行压力。这能使企业更愿意借贷，增强经济的活跃度。最后，中央银行大规模购买证券有助于修复对金融市场的信心。

同量化宽松相近但概念上有明显区别的政策工具是信贷宽

松，它是指通过公开市场操作买入长期或高风险证券，卖出短期或低风险证券。量化宽松致力于在中央银行资产负债表的负债端扩大准备金总量，而信贷宽松致力于改变资产负债表资产端的证券组合结构，不影响商业银行可用于支持贷款的准备金规模。因此，与量化宽松不同的是，信贷宽松不能作为中央银行的“印钞”政策。但购买长期政府债或企业债可以增加对这些债券的需求，提高其价格，降低长期利率，调整长短期信贷资金量，有利于长期信贷。

另一个“非传统”货币政策工具是前瞻性指引，它是指中央银行口头承诺未来将实行何种货币或利率政策。该承诺可以是
70 针对特定时期的，也可以是无限期的。例如，中央银行可以承诺当失业率高于7%或通胀率低于3%时，不提高短期利率。中央银行发布前瞻性指引的目的，是通过控制短期利率来对长期利率施加影响。假设中央银行想把三年期借款利率水平降至1%，它可以通过承诺在三年内将银行间市场借贷利率维持在1%来做到这一点。三年期借款利率应当体现市场对未来三年银行间市场利率的预期值。如果市场采信中央银行的承诺，三年期利
71 率就能够调整到1%的政策目标水平。

第五章

银行业监管

作为金融中介，商业银行用流动性负债（银行存款）来支撑非流动性资产（银行贷款）。银行的资产中只有一小部分是准备金，如果所有的储户同时要求提款，银行将无法应对。再加上杠杆因素，银行天生是脆弱的，而且一家银行陷入困境很可能使民众对其他银行也丧失信心。银行业监管旨在避免单个银行倒闭，以及整个金融系统崩溃。

银行挤兑的原因

在大多数情况下，银行精于管理其资产和负债，能够兑现对储户及其他客户的日常承诺。但是，如果一家银行未能令储户满意，他们的提款需求可能会增强。鲜有储户具有评判银行资产质量方面的知识或专业能力。尤其是在对金融系统稳定性的信心弱化之时，那些无力评估每家银行贷款经营风险的储户可能会往最坏的情形去想，要求提款。在极端情况下，客户对银行的稳健 72
性失去信心，在银行的分支机构前排起长队，银行因而面临挤兑。

如果客户从一家要倒闭的银行里提款后，简单地将这些资金存入另一家运转良好的银行，一家银行的倒闭对金融系统稳定性的影响就微乎其微，甚至没有影响。但是，储户对一家银行失去信心后，很容易动摇对其他银行稳健性的信心，出现传染问题。一家管理不善的银行倒闭引发对其他运营良好的银行失去信心，这就是经济学家所称的负外部性。当一个经济活动给最初并未参与该活动的其他方造成无法弥补的成本损失，就产生了负外部性。银行危机会影响金融稳定性，并对经济有更广泛的影响。在危机中，为降低杠杆率，或是将资产权益比恢复到理想水平，银行被迫收缩贷款，可以用于支持实体经济企业和投资的信贷资金就少了。当可行的投资项目得不到融资时就会出现信贷配给，这将给生产、就业和居民收入造成不利影响。

纵观历史，银行挤兑周期性地发生。1930年至1932年受大萧条影响，美国一系列银行挤兑就是个典型案例。即便在当今时代，仍然可能发生银行挤兑，例如2007年英国北岩银行倒闭案。北岩银行于1997年由一家房屋互助协会转型为银行，随后成为主要的住房抵押贷款银行。其报表资产从1997年的158亿英镑增加到2006年的1 010亿英镑，资产增长的大部分来自短期借款，而非存款。其贷款大多证券化了，通过特殊目的机构出售给投资者，释放出来的资本被用于进一步发放更多贷款。2007年8月银行间市场运转失灵，北岩银行无法继续滚动融资，触发
73 了存款挤兑（图11）。

在当今复杂的金融系统中，不只是焦急的储户排队关闭银行账户这一种情形，还有其他情形会使人们对一家金融机构的稳健性失去信心。“甩卖”是指银行没有足够现金（或其他流动

图11　北岩银行挤兑

性资产）来满足储户提款需求时，被迫紧急打折出售长期资产来筹资的情形。这样甩卖资产可能危及相关银行的偿付能力，还会迫使其他银行在资产负债表上对类似资产做减值处理。当一家银行开始采取措施缩表，减少给其他银行的短期贷款，那些银行也可能随之出现筹资困难，被迫随着银行间借贷资金的干涸而进行缩表。依赖银行间借贷市场筹集短期资金的银行，会突然发现它们需要的流动性不复存在，由此触发储户丧失信心。 74

监管机构

一家管理不善的银行可能会摧毁对整个银行体系的信心，这为监管每家银行以及整个银行业提供了强有力的正当理由。一名手艺不精的理发师对整个理发师行业的财务稳定性几乎没有影响，对经济也没有影响。因此，绝大多数国家对理发师没有任何限制性监管规定。相比之下，一家经营不善的银行则会影响其他银行的生存、金融系统的稳定性和经济健康发展。绝大多数国家都有关于密切监督和规制银行的详尽安排。规制是指法律规定或政府金融监管部门制定的银行业务经营规则。监管是指政府部门监督规则执行情况和强制执行规则（在必要的情况下施以处罚）。

美国的银行可以由所在州特许经营，也可在联邦层级获得特许。货币监理署（OCC）负责管理由联邦特许经营的银行。联邦储备体系管理委员会负责监管由州特许经营且为其成员的银行，联邦存款保险公司负责监管由州特许经营的非联储成员银行。2010年《多德-弗兰克法》通过后，OCC、FDIC和美联储还负责监管储蓄贷款协会。按照FDIC的规定，所有的银行都要在联邦层级进行存款保险。全球金融危机前，欧盟有三个金融服务规制顾问委员会，但没有负责确保金融系统稳定性的实体
75 机构。2009年2月的《德拉罗西埃报告》建议成立欧洲金融监管系统（ESFS），取代现有的监管框架。

在2012年之前，金融服务局（FSA）负责监管英国的银行及其他金融机构。2012年这项职能移交给英格兰银行。英格兰银行内部的审慎监管局（PRA）负责监管银行、保险公司、大型投资公司。金融行为局（FCA）独立于英格兰银行之外，负责维护竞争、防止市场权力滥用和投资者保护。FCA负责管理资产管理公司、对冲基金、独立的金融咨询公司、小型证券经纪商等。英格兰银行的金融政策委员会（FPC）负责监测和必要的干预，以确保金融稳定。

银行业务许可

绝大多数国家和地区，持有银行业务许可是从事基本银行业务的法定先决条件，如开展吸收公众存款等业务。例如，英国的审慎监管局和金融行为局共同负责审批许可申请。根据金融行为局发布的指引，申请者需要回答以下问题：谁是申请人，要申请设立何种实体？谁是股东或主要的股本投资人，来自哪个国家？申请人的方案有哪些优势或过人之处？申请人是否隶属于一家更大的集团？董事会和高管的构成如何？申请人还要提供：一份包含财务规划在内的经营计划；关于产品或服务、目标市场、营销渠道、定价政策，以及拟申请的受管制经营项目等详细资料；申请人的筹资模式；关于该业务竞争优势和生存能力的市场调查；计划经营规模和人员配备规模；外包服务安排的详细资料。 76

政府安全网

政府为强化金融稳定而直接介入银行和金融系统运行的方式有多种。最终贷款人的功能是指，中央银行向那些具备基本清偿能力，但无法从其他渠道获得资金来满足储户日常提款需求的银行提供短期贷款。中央银行按比贴现率更高的惩罚性利率贷款给面临流动性困难的银行。全球金融危机暴露出最终贷款人这一理念的一个根本问题。假如因为信心普失使交易银行所持证券和贷款的二级市场停止运行，这些资产就没有了实时更新的估值定价。中央银行极难判定一家申请应急短期贷款的银行只是面临暂时的流动性问题，还是根本没有偿付能力。在金融危机最严重的时候，面对银行如果没有短期融资就可能倒闭的情况，中央银行可能走上对资产估值过高的歧途。危机爆发前，那些认为最终贷款人功能可以应需提供资金的银行管理者们往往在放贷时过于冒险。

为防止银行挤兑，许多国家引入了存款保险机制，由政府提供担保，政府部门负责实施。存款保险保障银行储户的存款始终能获得偿付，即便银行倒闭了。通常会设定每位储户可从该机制中获得赔付的最高额度。在许多国家，存款保险资金来自银行缴费，按银行的规模、风险或按二者综合计算收费标准。然
77 而，最关键的是，政府担保该存款保险基金始终做到索偿即付。如果储户相信他们肯定能拿回钱，就不会诱发挤兑。

美国的银行存款保险由联邦存款保险公司负责。在全球金融危机前，存款保险限额为10万美元。2008年金融危机高峰时该限额提高到25万美元。在金融危机前，欧盟成员国都被要求建立覆盖90%以上存款额的保险机制，每人最高保额不低于2万欧元。2010年年底，所有欧盟成员国的存款保险补偿额都提高到10万欧元。在英国，金融服务补偿机制对银行存款及保险政策和个人投资予以保护。自2010年开始，该机制提供的补偿限额同其他欧盟国家一样。

如果存款保险鼓励银行家或储户鲁莽行事，或是不那么尽责，存款保险也有道德风险问题，就像其他类型的保险一样。如果银行家们认为存款保险减轻了银行挤兑的风险，他们可能为追求高额回报而从事更高风险的信贷业务。同理，如果储户知道存款有保障，他们可能更愿意把钱存在那些因高风险信贷而获得高回报的银行里。

全球金融危机暴露的另一个道德风险两难问题是，政府担保和紧急救助的范围远远超出存款保险制度承诺保障的范围。银行“太大而不能倒”（TBTF）问题是指，居于金融系统核心的超大型银行的债权人和管理者们相信，在必要的时候他们总是能获得政府的救助，因为一家超大型银行倒闭给金融稳定造成的破坏性影响会超出政府可接受范围。投资者本该对那些所谓 78
的TBTF银行的风险充分定价，但对政府干预的预期会使之扭曲。于是，TBTF银行能够比规模较小的银行以更低成本获得资金。这扭曲了竞争，并且为大型银行变得更加庞大创造了条件。意识到TBTF拥有安全保障，小型机构的管理者们强烈希望成长到TBTF的规模。通过增加高风险贷款或投资于高风险资产来寻求高额回报，如果这些贷款和投资成功了，银行享有亮眼业绩，而如果失败，却是由政府、最终是纳税人买单。

关注TBTF必须考量巨无霸银行的效率或成本节约问题。对银行成本结构的实证研究认为，更大的银行与小银行相比，其为每一账户或客户服务的平均成本更低。但是，巨无霸银行的规模可能已经远远超出了可获得平均成本节约的规模。总而言之，对巨无霸银行节约成本效果的衡量会受到TBTF银行的蒙蔽。如果投资者和储户确信他们永远不会蒙受损失，因为当有需要时就会有政府资金救助，那么TBTF银行就能以低于其他银行的成本（从投资者和储户那里）筹到资金。因此，巨无霸银行节约的平均成本可能全部或部分来自TBTF身份为其带来的隐形政府补助。

银行（无论大小）有时候的确会倒闭，当这种事情发生时，当局要采取有序解决措施。政府可能深度介入，居中安排交易，

79 收购经营困难的机构，用财政资金进行重组，自己持有其部分或全部股权，或是做出破产倒闭决议。破产倒闭程序包括关闭经营困难的银行，设立一家资产管理公司来管理破产银行剩余资产等干预措施。考虑到这可能造成金融和经济不稳定，通常极少采用破产倒闭程序。取而代之的是为银行和金融机构量身定制的破产制度。各国在这方面的情况有所不同，而且金融危机以来很多都做了修订。

资本充足率规定

资本或股本，即总资产与总负债之差，是银行偿付能力的关键指标。它用于对冲因贷款拖欠未还或投资减值引致的损失。如果这些损失必须在资产负债表的资产栏做减值处理，就要通过减记银行资本来弥补。资本清零的银行不再具有偿付能力。一旦银行的债权人（储户或其他借钱给银行的人，比如购买银行所发行债券的人）意识到银行的负债超过了资产，他们就会要求银行还款，如果银行无法满足这些要求，就会倒闭。为尽量降低银行经营失败的风险，监管规定中对银行资本有最低限额的要求。

如第二章所述，银行资本的数量影响到银行股东收益水平，也影响到其投资风险水平。在其他条件相同的情况下，银行持有的资本越高，股东回报就越低，但是股东的资本价值因未预见损失而被冲销的风险也越低。

1988年巴塞尔银行监管委员会在国际清算银行引入了对银行资本的规定要求。国际清算银行总部位于瑞士巴塞尔，负责
80 促进国际货币政策和金融稳定合作，并扮演各国中央银行的银

行的角色。六个发达大国的中央银行是国际清算银行的成员和股东。《巴塞尔协议Ⅰ》确定了监管机构和中央银行提出的资本标准。《巴塞尔协议Ⅰ》要求跨国经营银行资本率至少达到8%，也就是说，持有至少相当于风险加权资产规模8%的资本。风险权重如下：0%（现金、准备金、政府证券），20%（在OECD国家银行的索偿权），50%（地方政府债券、住房抵押贷款），100%（给消费者和企业的贷款）。资本率的计算公式是（一级资本+二级资本）/风险加权资产，其中，一级资本指股东资本加上未分配利润或公开准备金，二级资本包括非公开准备金、一般损失准备金和次级债务。表5举例说明了资本率的计算方法。

表5　按《巴塞尔协议Ⅰ》基于风险的资本计算

资产	10亿美元	负债	10亿美元
现金	6	存款	540
政府债券	80	次级债	15
银行间贷款	60	贷款损失准备金	9
住房抵押贷款	150		
公司贷款	309	**总负债**	**564**
		总资本/权益（含未分配利润）	41
总资产	**605**	**总负债和资本**	**605**

一级资本=股本（包括未分配利润）=41
二级资本=贷款损失准备金+次级债务=9+15=24
总资本=一级资本+二级资本=41+24=65
总资产=605
资本对资产的比率=65/605=10.74%
按《巴塞尔协议Ⅰ》计算的风险加权资产（资产类别*风险权重）=（6*0）+（80*0）+（60*0.2）+（150*0.5）+（309*1）=12+75+309=396
按《巴塞尔协议Ⅰ》计算的资本率=65/396=16.41%

《巴塞尔协议Ⅰ》易于理解、透明，为银行持有高流动性、低风险资产提供了激励。几乎所有银行体系发达的国家都将《巴塞尔协议Ⅰ》的规定转化为国内法律。但是，《巴塞尔协议Ⅰ》只关注与借贷相关的信用风险，忽略了其他风险。随后的补充规定里增补了防范市场风险的资本要求。鼓励银行运用内部风险评估模型来评估其资产组合结构所暴露的市场风险。

2006年的《巴塞尔协议Ⅱ》构建了三大支柱体系，包括最低资本要求（支柱一）、监管审查（支柱二）、市场自律（支柱三）。关于支柱一，对资本的定义没有变化，但是风险权重包含了信用、市场、经营风险。其计算主要依赖银行的内部风险评估模型，以及如标准普尔、穆迪、惠誉国际等信用评估机构提供的评级。支柱二要求各国监管机构审查每家银行的资本充足率。监管机构有权要求银行持有比最低限额规定更高的资本。支柱三要求银行公开有关风险、资本充足率及其他材料信息。其意图是要更加依靠市场自律来约束冒险行为。市场预期信号会体现到银行的股票和债券价格上，这可以向监管机构传递信息，并发出需要监管干预的预警。

由于发生了全球金融危机，这场危机暴露了资本管制的弱
82 点，《巴塞尔协议Ⅱ》未得到充分执行。基于风险的资本率过去被认为是可较好衡量资本充足性的指标，但是其有效性有赖于精确评估风险。金融危机毁了银行内部风险评估模型的可信度，毁了信用评级机构的声誉，引发了对通过市场自律控制风险这一做法有效性的质疑。此外，由于其顺周期性，《巴塞尔协议Ⅱ》可能放大了商业周期。在经济繁荣时期，风险被认为较低，贷款将增加。银行在没有积累足够资本的情况下，发放了最终

被证明是低质量的贷款。相反的，在萧条时期，贷款拖欠会冲减资本，而且悲观情绪弥漫，都认为还应当增加资本。银行的资本不足以对冲损失，争先恐后地通过减少贷款来提高资本率，导致信贷配给问题。第八章讲述了全球金融危机以来国际资本监管规则变化的情况。

其他监管方式

许多国家的消费者有大量储蓄产品可选，也可以选择贷款人进行借款。然而有充分的证据表明，大部分消费者缺少做出理性选择所需要的信息、知识和技能。受几个因素影响，有必要制定银行及其他金融服务的消费者保护规定。有些金融产品由于少有机会购买，消费者没什么机会从失败中汲取教训。金融产品的期限和条款晦涩难懂，在消费前、消费期间、消费后都需要有专业知识来判定其质量好坏。许多金融产品要求消费者签订收益不确定的长期合同，收益只在合同到期时才可见。消费者往往做出较差的金融投资选择，这归咎于他们金融知识水平较低，甚至都无法理解复利这样的基本概念。缺乏金融素养使消费者很容易在无良金融服务提供商做的骗局里中招。根 83
据2010年《多德-弗兰克法》，美国组建了消费者金融保护局（CFPB），负责消费者保护，执行相关金融规定。在欧盟范围内，卫生与消费者保护总局负责消费者保护。在英国，自2014年4月开始，由FCA负责金融领域投资者保护。FCA还承担消费者信用方面的工作，此前这是公平交易办公室的职责。

对大多数行业而言，竞争政策的指导原则是厂商相互竞争对消费者有利。然而对银行业务而言，竞争激烈的开放市场与限制竞争的高度管制市场之间并没有明显差别。一种被称为竞争脆弱性的观点认为，限制银行间竞争可以增强金融稳定性。没有了竞争压力，现有的银行可以获得垄断利润，以未分配利润的方式积累资本。这会增强它们承受意外损失的能力，阻止那些可能损害股东利益的过度冒险行为。相反，竞争—稳定性观点认为，限制银行间竞争会增加金融不稳定性。如果现有银行动用垄断权力，它们会倾向于设定更高的贷款利率。高利率将刺激借款人在投资或其他活动中更加冒险，以获得足以偿还初始贷款的回报，或是给借款人更强的违约激励。所有这些都将使金融系统更加不稳定。

美国联邦贸易委员会（FTC）和司法部负责执行反垄断（竞争）法。2009年《里斯本条约》的第101条和102条是欧盟竞争
84 政策的基石。第101条是限制性规定，而第102条规定了对滥用垄断地位可采取的处罚措施。按照权力自主原则，第101条和102条的管辖范围限于总部位于欧盟成员国、在其他欧盟国家有贸易往来的企业。在2012年之前，英国的竞争政策由公平贸易办公室（OFT）和竞争委员会负责。在金融危机高峰时期，大型银行如HBOS与劳埃德TSB合并，都被一放而过，因为此时防止倒闭比促进竞争更重要。2012年3月，英国政府宣布成立新的竞争和市场管理局（CMA），将竞争委员会和OFT合并为一个
85 机构。

第六章

全球金融危机的起源

2007—2009年全球金融危机，被普遍认为是自1930年代大萧条以来最严重的危机。在此期间，在不同的国家发生了区域性银行或金融危机。在全球金融危机爆发前的二十年间，有些危机已经预警了动荡即将来临。

瑞典银行业危机

1980年代，瑞典政府采取了低利率政策。这大大刺激了借贷活动并推高了房地产价格。1990年代利率上涨时，借款人发现他们渐渐难以偿还债务，贷款违约率攀升，房地产价格下跌。冲销呆账逐渐侵蚀了瑞典银行的资本，在1991年春季触发了一场银行业危机。瑞典政府将陷入困境的北方银行国有化，成立了一家“坏账银行”来管理北方银行的不良资产。1992年9月，这场危机达到高峰，哥达银行破产。

数周后，瑞典政府宣布对瑞典114家银行的全部存款和债权提供国家担保。陷入困境的银行可以获得财政资金来进行资本 86

重组，但在申请政府救助前，这些银行必须清理资产负债表、冲销坏账。银行的股东被要求承担危机前其责任范围内的损失。这一果断的行动使政府得以清理掉不良资产，使纳税人承担的成本最小化。最初的救助成本约为瑞典GDP的4%左右。后来瑞典政府出售通过国有化或资本重组获得的资产，救助成本降到了GDP的2%以内。2007年至2009年全球金融危机高峰时期，有些评论家把瑞典政府1991年至1993年应对银行危机的做法引为典范。

美国储蓄贷款协会危机

直到1980年代中期，储蓄贷款协会（储蓄机构）在美国住房抵押贷款市场仍具有重要地位。类似于英国住房协会，储蓄贷款协会吸收每个会员的存款，向他们提供住房抵押贷款和个人贷款。储蓄贷款协会的大部分资产是住房抵押贷款。受1970年代末、1980年代初衰退的影响，利率水平上升，储蓄贷款协会由于资产和负债期限错配，面临巨大损失。它们的筹资成本，即向储户支付的利率上涨了，而其资产绝大部分是固定利率住房抵押贷款，这部分收入没有变化。许多储蓄贷款协会严格地说是破产了，但是，监管当局没有立即强制其停业，反而保持了宽容，允许它们继续经营，期望它们能缓过劲儿来。与此同时，金融自由化降低了对储蓄贷款协会的资本要求，扩大了其贷款业务范围。通过提高利率，储蓄贷款协会得以吸引新的存款。这些资金被用于拓展高风险领域贷款业务，如商业地产。当时为掩盖损失或资不抵债的状况，有很多伪造账目的做法，其中有些是彻
87 头彻尾的欺诈。

1986年至1995年，1 000多家储蓄贷款协会被关闭，或以其他方式进行了处置，约占储蓄贷款协会总量的三分之一。美国政府1989年成立了清算信托公司来处置破产储蓄贷款协会的资产，并将存款保险职责由已资不抵债的联邦储蓄和贷款保险公司（FSLIC）移交给FDIC。高昂的成本促使国会1991年通过了《FDIC改进法》，要求FDIC以纳税人成本最小化的方式解决破产银行的问题。但是，该法规定了在特殊情形下可以对所有的存款人和债权人进行保护，如果保护不力可能造成金融不稳定。

日本银行业危机

经过一段时期的金融自由化后，在银行和金融部门竞争日趋激烈，火爆的房地产市场在1990年到1991年时凉凉了，日本陷入一场银行业危机。房地产价格下挫令一批“住专”陷入严重的财务困境。“住专”是专门从事房地产住房抵押贷款的私营非银行金融公司。日本银行的资产负债表因“住专”带来的风险而受重创。日本财政部一开始的反应是采取“监管宽容”政策：给银行很大的空间，可以自主决定冲减多少坏账，不鼓励银行增发新的股本（股权）进行资本重组。1990年代中期日本经济复苏乏力，然后又遭遇了1997年亚洲金融危机的打击，日本的宏观经济进一步陷入衰退，这导致了一场主要的系统性银行和金融危机。1997年11月三洋证券倒闭导致银行间借贷降温，银
行间借贷利率上涨。北海道拓殖银行、山一证券、德吉银行迅速 88
接踵倒闭。1998年至2000年，日本当局为稳定金融体系采取了几项措施：政府临时接管或关闭无偿付能力的机构；用财政资金注资；强化存款保险保障；成立资产管理公司接收呆坏账；改

革贷款损失拨备规定。

政府对危机的反应又慢又不协调，因此受到谴责。1998年有两家银行在经营失败后进行了资产重组，被完全国有化。其中最重要的是，在注入新资本之前必须清理资产负债表，冲销呆坏账、让现有股东承担损失。公众对银行的信心持续低迷。在盈利能力低、投资者不愿意注入新资金的情况下，银行很难进行资本重组。银行向实体企业提供展期贷款的能力衰减，中小企业所受打击尤深。在两个“失去的十年”间，日本经济陷入长期通货紧缩的旋涡。

亚洲金融危机

在对外开放了国内商品和服务市场后，1987年至1997年东南亚一些国家的经济年均增长率达到8%左右。人均国民收入飞速增长。同期，东南亚国家占世界出口总值的比例翻番，达到约20%。这些国家也成为外国商品的主要消费者，吸引着外国投资者和银行。银行以优惠条件向非银行企业（尤其是经营业绩着实较差的大型工业集团）提供贷款，贷款规模增长迅猛。由
89 于疏于监管，银行的业务过于集中在电子、房地产、旅游等行业。

随着市场形势恶化，银行损失加剧，外汇市场遭受一系列投机性攻击，自1997年7月开始，泰国（铢）、菲律宾（比索）、印度尼西亚（卢比）、马来西亚（林吉特）、韩国（元）的货币受到攻击。货币大幅贬值使这些国家借了外汇贷款的企业陷入困境。为阻止资本外逃，中央银行提高了利率，但这通常没什么效果。严重的恐慌在东南亚地区蔓延，国际货币基金组织向这些国家发放了紧急救助贷款，条件是它们必须对金融系统和经济体系

进行改革。在经历了严重的经济衰退，且印度尼西亚和泰国发生了政变之后，东南亚金融市场最终恢复了稳定。

亚洲金融危机在几个方面具有启示意义：第一，这是一个风险传染扩散的案例，在很短的时间内很多国家受到影响；第二，受影响国家严重衰退，随后又快速恢复；第三，几个受影响的国家采取了长期应对措施，重塑经济结构，以使经常账户大量结余，积累外汇储备，以便能够经受住将来可能发生的投机性攻击。这项措施导致21世纪初投资购买美国及其他西方发达国家主权债的需求不断增加，可能也因此刺激了西方经济体的股票市场和房地产市场泡沫，随后全球金融危机爆发。

2007—2009年全球金融危机的起因

在全球金融危机爆发前，世界经济已较长时间处于巨大的
失衡状态。东亚、南亚和海湾地区的一些国家出口额远远超过 90
进口额，国际收支平衡表中经常账户大量盈余。这些国家大部分的出口所得转化为储蓄，而非当期消费。相反，美国（全球最大经济体）和西欧等西方国家的经常账户巨额赤字，进口大于出口。经常账户赤字多是通过借款来弥补。换言之，西方国家支出大于收入，它们通过借债来弥补差额。

危机应归咎于全球宏观经济失衡，还是美联储和其他赤字国家中央银行政策失误，经济学家们对此意见不一。美联储的支持者们指出，赤字国家的房主、企业和政府所借到的大量低息信贷，主要来自盈余国家的储蓄资金。批评者们认为，美联储采取了过度宽松的货币政策，应当对借款激增负责。全球金融危机发生前二十几年的全球金融自由化风潮也助长了举债行为。

在2000年代早期和中期，赤字国家可以在不提高通胀率的情况下保持低利率和高举债。但是，债务规模不断增长是十分危险的，一旦利率上涨或低息信贷供给中断，就会产生大量的无力清偿问题。赤字国家的大量贷款被打包证券化，赤字国和盈余国的投资者都投资了这些证券，当这些证券最终成了有毒资产时，这种威胁终成为现实。

2000年代早期和中期，向各类借款人发放的住房抵押贷款在美国蓬勃发展。其中有一类借款人——“次级”借款人——
91 声名狼藉，他们的信用资质不符合传统住房抵押贷款的要求。全球金融危机发生前的几年里，银行和非银行贷款人都大大降低了发放住房抵押贷款的标准，导致总体信贷规模激增，特别是给高风险借款人的贷款激增。2001年至2003年，次级贷款占全美住房抵押贷款的比例不到10%；2004年至2006年，该比例上升到20%，此时房地产泡沫也到达顶峰。多数次级贷款采用可调整利率住房抵押贷款（ARMs）的方式，初始为“诱导性”固定利率，两年后可以调整为一个更高的弹性利率。一般而言，本金（借款额）比较高，次级借款人的收入勉强能够按“诱导性”利率还款；在这种情况下，两年后利率上涨，借款人就根本无法偿还贷款。有些住房抵押贷款甚至从贷款人的角度允许采取风险更高的操作方式。选择性ARMs和负摊销ARMs赋予借款人每月进行选择的权利，例如只还利息，延迟偿还本金；或是每月不还款，将未付的利息加计入贷款余额。

那时，由于房价不断上涨，向高风险、无力还款的借款人提供贷款被认为是合理的。假如房价一直上涨，两年后借款人的房产增值足以让他获得抵押融资，偿还旧的ARM，避免付高额利息，再借入同样甚至更高本金的ARM。通过扩大贷款规模，借款人可以通过一次性付清房款来赚取房产增值的收益。但是，如果房价下跌，就无法进行再融资了，当“诱导性”利率到期时，这笔住房贷款十有八九会违约。在美国，有些情况下，房主无法偿还贷款时只要搬出这所房子，把钥匙还给住房贷款人就行了。房子被收回来，然后贷款人负责卖掉房子，收回贷款。 92

从1997年到2006年，美国房价平均上涨124%。房价泡沫在2006年年初达到顶峰，到2009年房价下跌约30%。从2006年开始，随着上市的新建房屋和二手房供过于求，住房贷款违约事件猛增。在市场下行时，贷款人卖掉回收的房屋只能弥补一小部分初始贷款额。其他一些国家也出现了房地产市场泡沫：西班牙和爱尔兰非常明显，英国及其他几个欧洲国家也一样。

到2009年年底，美国40%以上的次级ARMs出现严重违约（住房贷款超过90天没有偿付，或是丧失抵押品赎回权）。高额的手续费和佣金促使住房抵押贷款业务链条上的每个环节都拼命地降低贷款标准：为借款人安排贷款的住房贷款经纪人；借出资金的零售银行；在住房贷款被打包出售给投资者过程中进行证券化结构设计的大型投资银行；负责证实那些结构复杂难懂的资产支持证券安全性的信用评级机构。

证券化（见第三章）使银行得以将流动性差的住房抵押贷款（及其他贷款）转化为可交易的证券，将预期收入流切分成低、中、高风险组别，将其资本解放出来进行其他投资。证券化之所以深受欢迎，某种程度上是因为将一批贷款（资产）转移为不受监管的结构化投资工具后，银行可以无须持有支撑这些证券化资产所需的资本。理论上讲，证券化资产和信用衍生品交

易通过将风险转嫁给那些更愿意或更有能力承担风险的投资
者，应该能够提高金融系统的效率和稳定性。实际上，证券化加
93 剧了逆向选择和道德风险，是导致金融危机的一个因素。证券
化弱化了初始贷款人在放贷前评估借款人并在放贷后监督其行
为的意识。初始贷款人没有完成他们作为金融中介应做的基本
工作，因为他们已预见到这些贷款将被打包出售给其他投资者，
信用风险将由这些投资者承担。

证券化之后，哪里将发生贷款违约损失变得不清楚了，因此增加了金融系统的不透明度和复杂性。投资者难以独立评估由信用评级机构做出的金融机构经营风险评分，这些评分后来都被证明是不牢靠的。事后发现，由于银行及其SIVs本身大量参与证券化资产交易，这些信用风险实际上从未离开过银行的资产负债表。拉开借款人和最终贷款人的距离后，证券化诱发了一些借款人和住房抵押贷款发起人的欺诈行为，这些借款人隐瞒自己的财务状况，住房抵押贷款发起人故意鼓励房主超负荷借债。

现在普遍认为，主要的信用评级机构（穆迪、标准普尔、惠
誉国际）当时不谋而合地助推了这次危机。信用评级机构对大
企业、金融机构和政府发行的债券进行信用风险（质量）评价，
用字母来做定级。最著名的定级标准是标准普尔的，最高级别
为“AAA”，指非常优质的资产（信用风险极小），最低级别为
“BB”，指劣质或“垃圾”债券（违约风险很高）。信用评级机构
对银行将住房贷款资产证券化，并将住房抵押贷款支持证券出
94 售给投资者可获得的收入具有决定性影响。机构对证券化资产
的分组评级直接影响其销售收入：银行（或银行设立的SIVs）

给评级最高的组别支付的利息最低。此外，有规定要求银行自己只能购买高评级的组别。

事后来看，信用评级机构明显存在利益冲突问题，它们受发行银行委托并由发行银行付费对MBS及其他证券进行的评级，却作为评级机构的独立风险评估结果向投资者展示。“评级采购”的实践做法是，证券发行人对评级机构的初步意见进行摸底，然后聘请其中给出最佳评级的机构。另一种做法是，发行人可以咨询这些机构，需要怎样调整才能获得更高评级，或是与这些机构进行谈判。对证券化资产评级的费用高于传统债券，这进一步鼓励评级机构做出较好的评级结论。

即便把利益冲突放到一边儿，这些机构用于进行评级的方法也是极端错误的。统计模型中对那些可能以类似方式影响整个金融系统的事件赋予了过低权重，例如全国性的房价下跌而非区域性下跌。换言之，这些机构低估了系统性风险，许多投资者和监管者亦然。

直到1990年代，银行都是按历史成本而非当前市值来计算它们的资产价值。2000年代早期的财务报表丑闻骤然引发安然、世界通信公司等几家美国大公司破产之后，专业会计师组织和监管机构开始采取按市值记账规则，要求资产负债表记录 95
的资产价值，特别是证券投资资产，要反映其现行市值（公允价值）。如果证券交易量极低，无法获得其市值，则可以基于其他可知市场价格的类似证券来进行估值。或者，银行也可以用自己的统计模型来确定公允价值。在金融危机期间，这些会计准则使银行的资产负债表紧缩。由于许多证券中止了交易，按照这一准则，银行被迫在报表中对投资资产做大量减值处理。银行资产负债表恶化加剧了投资者对信用风险的担忧，导致短期银行间市场资金不足，那些依靠银行间市场筹资的银行陷入巨大压力之中。

公司治理是指管理和控制公司的体系。代理理论是公司治理问题的核心，它阐述了作为委托人的公司股东与作为代理人的管理层之间的利益冲突。一个关键的问题是，股东价值最大化是不是私营企业唯一合理的目标，换言之，企业是否应当对更广意义上的利益相关方承担更多的责任，这些利益相关方包括雇员、消费者、纳税人及全社会。管理层的个人素养和职业精神是决定管理层利益同股东利益吻合度的主要因素，决定了管理层落实股东价值最大化这一目标到何种程度。不少证据表明，给管理层的补偿水平和补偿方案都对金融机构风险有影响。特别是股票期权，它赋予管理层在规定时间之后以事先约定价格购买股票的权利，被认为是推高金融不稳定性的黑手。股票期权鼓励管理层进行高风险投资，这有可能短期内炒高公司股价，
96 代价是累积风险，这些风险最终会爆雷。

众所周知，在走向全球金融危机的过程中，银行高管和交易员的奖励计划异乎寻常地鼓励他们过度冒险。如果银行的高风险投资最终成功了，银行的高管因投资盈利有功，得到高额奖金；如果投资失败，高管仍然拿着他们的薪水，或者最坏的情形是，他们可能会被鼓励拿着诱人的“金降落伞”离职补贴自愿离职。同样的，从事高风险投资的交易员如果投资成功，也可以拿到高额奖金，而如果投资失败，最差的情况无非是换份工作。

相比之下，如果投资成功，银行股东可以获得部分收益，还有些收益要支付股息或留作补充银行的资本。但是，任何交易

损失都将消耗银行资本，因而股东也要承担大量下行风险。债券持有人也要承担下行风险，但不享有任何上行收益。如果银行一直稳健，债券持有人得到固定回报；但是，如果银行因交易损失而资不抵债，债券持有人可能无法收回他们所持债券的账面价值。这些都表明，在走向金融危机的过程中，高管和交易员比股东和债券持有人更为偏好高风险投资或交易策略，而实施这些行为的资金来自股东和债券持有人。

通过证券化分散的信用风险，并没有消除流动性风险。银行短期负债和长期资产之间存在期限错配，导致了流动性风险。SIVs的主要筹资渠道是在货币市场出售短期或中期资产支持证券（以SIV持有的资产支持）。SIVs因而面临流动性风险，一方面它们的负债期限非常短，另一方面它们的资产期限较长，二者错配。回购金融业务的发展，包括超短期（隔夜）买卖投资银行的抵押资产，进一步增加了该体系的流动性风险。在任何时候，对一家金融机构的健康性持疑，都可能导致投资者停止滚动提供短期贷款，这些贷款是为长期投资提供资金的。这种流动性风险往往会直接反馈到母行。母行可能为其SIV的融资提供了协议授信担保，或者也可能采取无协议、提供信誉信用额度的方式保障SIV获得资金，但因为担心SIV经营失败有损母行信誉，这种方式实践中并不常用。

毫无疑问，监管当局的任务是确保金融系统安全稳定，它们本应严肃认真地进行监管，以防发生全球金融危机这样大规模的重大系统性风险。显然，监管者们在2007年之前没能意识到美国次级住房抵押贷款爆雷的规模和严重程度。在住房市场领域，当时主流的观点是自由市场论，就像1988年至2006年任美联储主席的艾伦·格林斯潘这样的主要监管者都起劲地支持这个论调，这恐怕与当时力推缔造政府担保企业（GSEs）房利美和房地美，鼓动低收入家庭购置房产的长期政治压力有关。设立政府担保企业起初是为了增加流入住房领域的资金量，为现有住房抵押贷款和住房抵押贷款支持证券创造一个流动性强的二级市场，GSEs是股份制企业，但其负债由美国财政部提供担保。政府担保赋予了GSEs极大的竞争优势，使它们轻而易举地
98 占领了美国住房抵押贷款大部分市场份额，并允许它们以格外高的杠杆率经营。官方热衷于扩大住房持有规模，这给监管者对不安全借贷标准普遍扩散睁一只眼闭一只眼的行为提供了保护伞。在2000年代，住房抵押贷款引发美国次级贷款大量增加，这些贷款并非由银行自己发放，而是由游离在受监管的银行体系之外的住房抵押贷款经纪人发放。这些经纪人缔造了这些贷款，然后短短几天或几周内就以证券化方式出售出去。

监管机构的罪状还有一条，就是姑息逃避银行监管约束的行为。银行将证券化资产转移给SIVs的操作，让整个银行系统（包括监管范围内和监管范围之外）减少了相对于总资产所应持有的资本总量。这些SIVs是银行的全资子公司，但资产和负债都不在母行的资产负债表里体现。例如，MBS中信用评级最高、资本要求最低的高级组别通常都由受监管的银行自己持有，次级组别通常经由SIVs转入不受监管的影子银行部门，逃避了按其风险系数本应配有更高资本的监管要求。

信用衍生品是危机之前另一种主要的金融创新，基本上逃脱了监管。信用违约互换等证券产品是为满足协议双方需求量身定制的，买卖双方在不受监管的场外市场（OTC）协商进行交

易。这与政府债券、公司股票及某些衍生品等其他许多证券不同，那些证券的条款是标准化的，并且通过有组织的交易所交易，这些交易所发挥着处理买卖交易的中央清算所的作用。能 99
够协商确定条款复杂的双边合同，使得信用衍生品场外市场交易各方能够精确地调整其风险头寸（还可以因设计了复杂的金融产品而获得高额收费，本来如果设计得更为标准化的话，可以通过竞争降低费用）。然而，设计复杂、非标准化增加了金融系统的不透明性，没人确切地知道总风险量级有多大，或是风险主要集中在哪里。

考虑到CDS具有保险性质，对其疏于监管，这同传统保险行业被严格监管形成了鲜明的对照。监管令从美国国际集团（AIG）等大公司购买人寿保险的消费者感到放心，如果投保人去世了，AIG仍然会支付赔偿金。相比之下，银行有时为了避免因其他银行破产而受损，会从AIG购买CDS，但这类交易却不受任何监管规定的保护。假如金融机构之间的关系混沌不清，一家大型机构破产就很容易快速地引发对其他机构偿付能力的
恐慌。 100

第七章

全球金融危机与欧元区主权债务危机

2008年全球金融危机顶峰过去七年后，据估算，如果危机前的GDP增长趋势得以保持，OECD成员国2015年合计的GDP应比现有水平高约10%。但这可能高估了金融危机的影响，因为危机前数年经济出现了高速但恐不可持续的爆发式增长。如果用可持续的GDP长期增长趋势来测算潜在GDP水平，OECD成员国合计GDP比危机前趋势增长的应有水平低约6%或7%。无论具体数值如何，经济学家们大多认同此次危机造成了自1930年代大萧条以来最严重的一次衰退。

美　国

2007年上半年美国已经出现了金融危机的征兆，次级住房抵押贷款不良率飙升，导致住房抵押贷款支持证券价格急剧缩水，这些证券的违约保险费上涨。2007年6月和7月几家信用
101 评级公司宣布下调一些评级。投资银行贝尔斯登旗下两只大型MBS证券对冲基金被清算，几家大型住房抵押贷款商申请破产

保护。2007年8月9日，法国巴黎银行宣布冻结其三只投资基金之后，隔夜银行间市场利率暴涨。尽管美联储和欧洲中央银行分别向银行间市场注入了240亿美元和950亿英镑作为应对，但银行间市场规模仍急剧萎缩，短期资产支持证券市场的流动性也开始干涸。

2008年春，随着美国五大投资银行之一的贝尔斯登垮台，这场危机进一步加剧。针对市场上关于贝尔斯登陷入流动性困境的传闻，2008年3月，美联储纽约银行宣布将提供250亿美元的紧急贷款，随后又取消了这个承诺。两天后，贝尔斯登与摩根大通达成并购协议，贝尔斯登每股作价2美元，而2007年1月其股价高达每股172美元。这家新公司的资金中有290亿美元为美联储纽约银行贷款，有10亿美元由摩根大通提供。随后，经与极度不满的贝尔斯登股东谈判，摩根大通将报价提高到每股10美元，贝尔斯登股东最终于5月同意出售股权。

FDIC于2008年7月承担起管理经营惨淡的储蓄贷款协会印地麦克的责任。开发Alt-A级住房抵押贷款（风险介于优先级和次级之间的一类贷款）并将之证券化，是印地麦克银行在倒闭前几年快速扩张战略的主要内容。由于找不到私营买主，FDIC自己接管了印地麦克剩余的住房抵押贷款资产，并着手采取一系列措施减少违约数量，包括降低利率、延长期限、削减应还本金等。

2008年9月7日，两家政府担保企业房利美和房地美被宣布由其监管机构联邦住房金融局接管。这两家企业本应限于从事高质量住房抵押贷款业务，但受支持经济适用房的公共政策目标驱使，危机前它们积攒了大量次级MBS资产。2006年至2007

年间冲销的住房抵押贷款呆账足以耗尽这两家企业本就不多的资本，致使它们资不抵债。到2012年，据估算这两家企业已经耗费了约1 900亿美元财政救助资金，以股息形式偿还了460亿美元。

继贝尔斯登倒闭之后，投机商的目光很快转向了美国第四大投资银行雷曼兄弟公司。雷曼公司的经营模式中有很多特点是与它的这家小同行是一样的，包括高杠杆、过于依赖短期借款、大量持有MBS等，正是这些逐步压垮了它的小同行。此外，雷曼公司还在商业地产领域进行了大量不动产投资。2008年夏季，由于偿付能力恶化，雷曼公司接触了几家潜在的并购合作对象或收购者，期望寻求到大量资本注入。在9月12日至14日这个周末，因美国财政部拒绝给这项收购提供任何财政资助，雷曼与巴克莱的谈判终止了。由于给贝尔斯登财政资金救助遭到了尖锐的批评，加之一周前刚刚承诺对GSEs给予无限救助，财政部做出了牺牲雷曼公司的重大决定。9月15日雷曼公司根据破产法第11章申请破产保护（图12）。

既然有救助贝尔斯登（以及GSEs）的先例，为什么财政部不救助雷曼公司？有这么几种解释：第一，目睹贝尔斯登的失败后，市场有足够的时间来应对雷曼公司可能倒闭的问题；第二，
103 尽管雷曼公司的规模是贝尔斯登的两倍，但贝尔斯登与其他金融机构的往来可能比雷曼公司更多；第三，就是恰逢其时，财政部认为救助到某个阶段后必须“到此为止”。艾伦·布林德认为，没有一家私营企业愿为可能申请到的联邦储备贷款担保，是雷曼公司与贝尔斯登之间的显著区别（贝尔斯登的救助贷款部分由摩根大通提供担保）。没有私营企业愿意来收购，可能反映

图12　雷曼兄弟公司破产

出市场判断贝尔斯登倒闭是因为短期流动性困难，雷曼公司则是根本毫无清偿能力。

无论财政部拒绝救助雷曼公司的理由是什么，这一重大决定引发了一系列轰动事件，把全球金融体系带到了灾难的边缘。9月14日，在对其短期债务偿付能力的质疑声中，第三大投资银行美林公司被美国银行以500亿美元的价格草草收购。

9月16日，美联储收购了美国最大的保险公司美国国际集团80%的股份，作为交换向其提供了850亿美元贷款，后来又涨到1 820亿美元。AIG持有巨额信用违约互换资产，向次级MBS及其他结构化产品提供违约保险。AIG所持最高级别的AAA级证券化产品组别估值约4 500亿美元。AIG一直没有通过持有其他对冲证券来对冲风险，这些证券本来可以在AIG需要进行赔付的时候给AIG付款。AIG也不重视留出同其CDS头寸相匹配的资本准备金。尽管对AIG的清偿能力和流动性极为担忧，但仍然进行了救助。

9月16日，一只大型货币市场基金“首要储备基金”宣布其每股资产净值跌破1美元，主要是因为投资于雷曼公司短期债券所蒙受的损失。为成功阻止货币市场基金挤兑，财政部宣布将从外汇平准基金中调用500亿美元，为所有现存货币市场基金的债务提供担保；美联储向货币市场基金的资产支持商业票据购买者提供贷款。

9月21日，美联储批准了美国五大投资银行还幸存的两家（也是最大的两家）——高盛公司和摩根士丹利公司的申请，转型为银行持股公司，使它们在需要的时候有资格获得财政资金救助。这个举动似乎抑制住了市场上关于这两家投资银行也可能步其前同行美林、雷曼兄弟、贝尔斯登后尘的猜测。

9月25日，美国最大的储蓄贷款协会、第六大银行、第三大
105 住房抵押贷款商、资产达3 070亿美元的华盛顿互惠银行，将其银行业务部门以190亿美元的价格出售给摩根大通。该出售交易之后发生了存款挤兑，因为储户们担忧华盛顿互惠银行住房抵押贷款证券资产的质量。与贝尔斯登和AIG截然不同，华盛顿互惠银行的债券持有人和无担保债权人被迫自行消化了损失，这开创了一个重要先例。这一事态发展似乎引发了公众对美国第四大银行美联银行失去信心。9月29日，花旗银行宣布拟收购美联银行，后来这笔交易黄了，美联银行被富国银行以151亿美元的价格收购，其中没有任何政府资助。

美国政府对这些事件的第一反应是，提出了问题资产救助计划（TARP），按照该计划，基于促进金融市场稳定的需要，财

政部拿出7 000亿美元定向用于购买出现问题的MBS或其他任何证券。9月29日，国会投票未通过第一版TARP，导致股市大幅下挫，10月3日修订版获得快速通过，成为法律。随后，财政部长汉克·保尔森于11月宣布放弃原定的购买问题资产计划，取而代之以取得那些需要注资的问题银行新发行的股权。出现这个方向性变化，似是因为当局意识到，受大部分市场已瘫痪的影响，已很难对MBS等资产进行定价。

10月，宣布有2 500亿美元的TARP基金可用于进行注资，其中一半资金分配给了九大银行：花旗、摩根大通、富国、美国银行、美林、高盛、摩根士丹利、纽约梅隆银行和道富银行。由于将财政资金无差别地投给需要资本重组的银行及其他不需要资本重组的银行，这个资本重组计划广受诟病。其目的是避免歧视 106
那些受资助者。

11月，美联储和财政部追加投入8 000亿美元，其中6 000亿美元用于购买房地美和房利美发行的MBS，2 000亿美元用于向那些愿意购买指定资产支持证券的机构提供借贷便利。购买政府担保企业的证券标志着量化宽松政策的第一阶段——QE1（见第八章）。与此同时，对银行的救助还在继续进行。财政部、美联储和FDIC于11月联合施救彼时美国最大的银行——花旗集团。财政部于2010年底处置了所持有的花旗集团股份。主要的一次财政救助资金扩大救助范围，是11月财政部宣布向通用汽车和克莱斯勒提供174亿美元TARP基金。总体来看，救助汽车行业最终花费了纳税人约90亿美元。

2008年，美国银行收购了住房抵押贷款商“国家金融公司”，该公司已深陷次债危机，美国银行还同意收购美林公司，直到当年年底这笔交易仍未能执行。2009年1月公布了对美国银行的救助计划，条款与花旗集团救助方案差不多。实施这项救助似乎一定程度上是监管部门推动的，它们希望确保对美林的收购计划不夭折。尽管2009年年初还对其他一些银行进行了财政注资，但美国银行是2007年至2009年危机中最后一家被救助的美国大型银行。

英国和欧元区

许多欧洲央行投资MBS及其他贷款支持证券出现了亏损，这些贷款受美国次债危机影响都成了坏账。德国工业银行是
107 较早的牺牲者。2002年至2007年间，德国工业银行投资了127亿欧元的资产支持证券，均为表外业务，由其SIV莱茵兰基金持有。2007年8月，德国工业银行的主要股东之一——国有的德国重建信贷银行（KfW）提供了流动性支持，并冲销了德国工业银行大部分贷款资产损失。德国还有其他一些救助行动，包括：一家小型国有地区性银行萨克森银行持有大量次级资产，2007年8月由最大的国有地区性银行LLBW（巴登-符腾堡州）收购，由萨克森州政府提供贷款担保；西德意志银行2008年1月从北莱茵-威斯特法伦州政府及当地银行财团那里获得了50亿欧元的贷款担保。

在这场危机中，英国的第一个主要受害者是零售银行北岩银行，事件发生在2007年9月。北岩银行宣布已从英格兰银行获得紧急财务支持后，几天之内人们就从该银行的各分支机构提走了10亿英镑。为阻止挤兑，英国政府宣布对该行的小额零星存款提供全额担保。后来，北岩银行被国有化了。

2008年9月，劳埃德TSB宣布拟以120亿英镑的价格收购HBOS，缔造了劳埃德银行集团，占据了三分之一的英国储蓄和住房抵押贷款市场份额；英国政府宣布收购布拉德福德和宾利公司的住房抵押贷款业务。仍能生存的存款业务和分支机构网络，被出售给了西班牙桑坦德集团。

10月，英国政府宣布设立500亿英镑的基金对陷入困境的银行进行重组。政府宣布向RBS（200亿英镑）和劳埃德（170亿英镑）注入资金，这些银行的国有持股比例分别提高到60%和40%左右。11月，成立了一家“公平交易”的公司——英国金融投资有限公司（UKFI）来管理北岩银行、布拉德福德和宾利公司。2009年2月，建立了一项永久性的特别决议制度。财政部成为RBS和劳埃德两家企业的控股股东。 108

在金融危机顶峰，雷曼公司2008年9月破产之后的数日和数周内，欧洲几家主要的银行也深陷困局。希波房地产（HRE）控股公司是德国伤亡最惨重的，该公司旗下有一些专业的不动产融资银行，其中包括出问题的德发银行（总部位于都柏林，一家专门从事基础设施项目融资的德国银行）。2008年10月，该公司得到第一批救助资金500亿欧元，其中包括德意志联邦银行提供的200亿欧元信贷额度，以及其他德国银行给予的300亿欧元支持。随后，德国政府将HRE国有化并重组，这是全球金融危机中最大规模的财政救助之一。

2008年9月，总部位于比利时、荷兰和卢森堡的大型金融服务集团富通控股公司股价暴跌，关于该公司出现短期融资困难的谣言满天飞。10月，荷兰政府宣布以168亿欧元收购富通荷兰的银行和保险子公司，以及富通所持有的荷兰银行（ABN

AMRO）零售业务股权。2009年4月，富通银行向法国巴黎银行出售其75%股份的交易获得批准。2008年9月底，比利时、卢森堡和法国政府宣布联手斥资64亿欧元对德克夏集团进行重组。比利时政府还为德克夏集团的新借款提供担保，并向逸佳斯保险公司（Ethias）注资15亿欧元。10月，荷兰国际集团得到荷兰政府100亿欧元注资。荷兰政府还给荷兰全球人寿保险公司
109 （30亿欧元）和SNS Reaal银行（7.5亿欧元）注了资，金额略低。

在2008年最后几个月和2009年全年，许多欧洲央行的健康状况都岌岌可危，几国政府的财政状况亦如此。这些政府除了在21世纪头些年已积累了大量财政赤字，还面临着更大的亏空，其中部分是为给困难银行解困而产生的债务。在金融危机前，投资者以为所有的欧元区成员国政府都会偿还所发行的欧元主权债，意味着无论是哪个国家发行的债券，任何政府债券的违约风险可以忽略不计。在危机期间，随着几个欧元区国家的国债明显增加到了不可持续的水平，市场在对不同欧元区国家政府发行的债券定价时，开始考虑不可忽视的违约风险因子。同样显而易见的是，ECB无法像其他中央银行那样，以政府债“最终买家”的方式发挥作用。自2010年年初起，随着市场对不同国家违约风险进行评估，债券收益开始出现巨大差异。违约可能意味着退出欧元成员国。那些被认为风险最高的国家借款成本日渐上升，这使得它们的财政状况更加趋紧。

主权债务危机带来的主要教训之一是，银行和政府资产负债表之间具有共生性。一方面，在很多情况下政府驰援银行，而救助银行使财政吃紧；另一方面，银行持有规模可观的政府债券资产。一旦投资者开始怀疑政府的信用，银行的资产负债表就

会因政府债券减值而恶化。如果银行为应对其资产负债表恶化的问题，严格控制向消费者或企业发放贷款，而消费和投资减少会对宏观经济产生不利影响，使增长放缓。宏观经济不佳进一 110
步使公共财政吃紧，导致政府债违约风险加大。如果房地产价格下跌，银行资产负债表中那些与房地产相关的资产（住房抵押贷款或MBS）都将进一步贬值。由此陷入螺旋向下的循环而难以自拔。

到2014年年底，爱尔兰、希腊、西班牙、葡萄牙和塞浦路斯五个欧元区成员国都获得了欧盟和国际货币基金组织（IMF）提供的救助贷款，条件是实施更严格的财政紧缩措施。欧洲金融稳定基金（EFSF）是由27个欧盟成员国于2010年共同成立的一个SPV，是负责协调救助事宜的主要工具，有权向每个欧元区成员国提供最高4 400亿欧元的支持。2011年EFSF的支持额度提高到7 800亿欧元。2012年欧盟委员会提议成立欧洲银行联盟（EBU），旨在使主权风险与银行风险脱钩（见第八章）。

爱尔兰在2006年之前经济快速增长，同期住房和商业地产市场火爆，发放给房地产的银行贷款资金大量来自银行间市场。2007年房地产泡沫破灭，2008年银行间借贷市场流动性干涸，爱尔兰银行的流动性和清偿能力极为紧张。2008年9月，爱尔兰存款保证机制对每个私人存款账户的覆盖率从90%提高到100%，保障限额从2万欧元提高到10万欧元。10月，保障范围扩大到所有存款和该国前三大银行（爱尔兰银行、爱尔兰联合银行、盎格鲁爱尔兰银行）及其他国内银行的部分债务。2009年1月，由于被指控有隐瞒股东贷款等不妥或不实的会计记录，第三大银行盎格鲁爱尔兰银行被国有化。2月，政府宣布给予爱尔兰 111

银行和爱尔兰联合银行70亿欧元的重组资金。政府给每家银行注资35亿欧元，获得了优先股和购买每家银行25%普通股的期权。

2010年9月，在全面担保到期前不久，被担保的银行决定偿还一大笔期限与该担保期限一致的债券。为筹集偿还债券的款项，这些银行被迫向ECB借款。10月，爱尔兰政府债的利率攀升至7%，进一步推高了市场借贷成本。2010年爱尔兰政府与EFSF、IMF，以及其他欧盟国家商谈总计850亿欧元的紧急救助资金。爱尔兰政府承诺执行一项为期四年的紧缩方案，包括控制财政支出和增税。2011年7月，国有的盎格鲁爱尔兰银行与2010年8月被国有化的爱尔兰全国建房互助协会合并，重新取名为爱尔兰银行重组公司（IBRC）。IBRC于2013年停业清算。2013年12月，在满足条件后，爱尔兰宣布退出救助计划。

受银行部门放松管制、低利率和高额政府支出的刺激，希腊在2000年至2009年间每年GDP平均增长4%。然而，快速增长以及会计数据缺陷掩盖了严重的潜在经济问题，包括出口下降意味的竞争力缺乏、劳动生产率低下，以及普遍的逃税和涉嫌腐败行为。这些问题表现在大量的经常账户赤字（进口额超过出口额）、预算赤字（政府支出超过税收收入），以及由此带来的高水平政府借款和负债。2008年实际GDP下降了0.4%，2009年进
112 一步下降了5.4%。到2009年年底，预算赤字已相当于GDP的15.2%，对希腊政府偿还主权债务能力的信心危机导致其政府债券利率猛涨，利用CDS防范违约风险的成本激增。希腊银行重仓持有希腊政府债券，对银行清偿能力的信心降低导致银行存款持续大量流出。

2010年5月，为避免希腊主权债务违约，欧盟委员会、ECB和IMF“三巨头”作为国际贷款人联合发放了1 100亿欧元贷款，可覆盖希腊政府直至2013年年中的资金需求。第二笔救助资金于2011年宣布、2012年2月获批，到2014年年底这笔资金最终数额将达到1 300亿欧元，包括重组希腊银行所需资金。按照第二笔救助款的条件，私人投资者必须接受展期、降息、冲销53.5%的希腊政府债券名义价值等条件。希腊政府同意采取严格的紧缩措施。2013年6月完成了耗资482亿欧元的银行重组，其中244亿欧元用于向NBG、阿尔法、比雷埃夫斯、欧洲银行等希腊四大银行注资。

2010年到2014年，希腊税务体制改革取得了一些进展，还进行了一些私有化和劳动力市场改革。到2013年年底，政府赤字降至GDP的3.2%。2014年5月，希腊的六家银行（前四大银行，加上阿提卡和潘尼利尼亚）进行了第二轮重组，耗资83亿欧元，均由私人筹资。经济衰退极为严重，2010年实际GDP减少5.4%，2011年减少8.9%，2012年减少6.6%，2013年减少3.3%，直到2014年增速恢复到温和的0.8%。在整个欧元区危机过程中，人们一再担心希腊的政客们和公众可能拒绝接受国际救助资金所提出的采取紧缩措施要求，从而导致希腊主权债务违约并加剧希腊退出欧元。希腊退出欧元、发行新货币意味的贬值，必将使希腊的生活水平大幅下降。此外，这还给西班牙、葡萄牙、意大利等其他国家树立了一个危险的先例，可能导致欧元区瓦解。

2015年1月，反对紧缩政策的激进左翼联盟党领导的新联合政府当选后，希腊危机事件以对希腊第三次救助而告终。2月，欧元区财政部长同意贷款延期四个月；但是，到6月底延期期满之时，希腊拖欠了IMF的款项。经过几个月围绕第三次救助的激烈谈判，政府宣布对“三巨头”开出的条件进行全民公决，并建议投“反对”票。6月28日，在全民公决前期，希腊的银行都关闭了，自动提款机的提款额限定为每天60欧元，并进行资本管制（限制资金流向海外）。7月，希腊选民拒绝了救助条件，“反对”票占比超过61%。但是，在看起来希腊要选择退出的情况下，希腊政府却接受了第三次救助，总额850亿欧元，条件与此前被全民公决拒绝的条件差不多。银行7月20日开业，并向IMF和ECB还了款，但依然进行资本管制。

西班牙的银行业在欧盟排名第五。银行的所有制形式非常多，包括商业银行、储蓄银行和专业信用机构。桑坦德银行和西班牙对外银行（BBVA）是在欧洲和拉美都开展业务的大型商业银行。起初，在2007年和2008年间，最大的西班牙银行对相对比例较小的一部分贷款做了冲销处理。在危机之前，西班牙的银行监管办法中有两大引人注目的显著特征。一是动态拨备制度，要求银行的贷款损失拨备与贷款周期相匹配，以实现对信贷风险的精准会计确认。按照动态拨备要求，在贷款生效之际就要建立贷款损失拨备，降低拨备的周期性影响。二是要求通过结构化投资工具持有的资产与资产负债表内的资产一样有对应的资本保障。结果是，大部分西班牙银行都不发展表外业务工具。

房地产市场崩盘导致了2008年西班牙经济陡降。建筑业遭受毁灭性打击，失业率从2007年的8.3%飙升到2011年的21.6%。西班牙的银行试图通过从开发商那里获得房产来避免房地产贷款损失，积攒了大量空置的房产资产。未上市的地区性储蓄银行受到严重影响，其中有些是由地方政客和储户控制的开发银行。2009年至2012年，经过一系列的紧急并购和国有化，储蓄银行的数量从45家降至11家。2010年12月，在西班牙政府的支持下，七家地方性储蓄银行被并入西班牙的第三大银行班基亚银行。

2012年6月，西班牙政府向EFSF申请了外部金融救助。欧洲稳定机制（ESM）提供了总额1 000亿欧元、为期十八个月的资金，用于重组、重构、处置虚弱的银行，允许将银行里需要财政支持的不良资产剥离到一家资产管理公司。西班牙于2014年1月退出该计划。

葡萄牙的银行在金融部门占据主导地位。许多银行高度多元化经营，进入了保险、证券，以及其他非银行业务领域。由于贷款操作保守、房地产没有暴涨，葡萄牙的银行在金融危机第一阶段中所受影响有限。尽管如此，葡萄牙政府仍然在2008年10月设立了200亿欧元的贷款保证基金，2008年12月宣布可为银行资本重组提供最高50亿欧元的支持。葡萄牙商业银行（BPN）的财务欺诈行为曝光后，该银行被葡萄牙政府国有化。2010年政府预算赤字为GDP的9.8%，宏观经济形势恶化，信用评级降级，导致其2011年4月向欧盟和IMF申请救助。一项规模780亿欧元的计划出炉，条件是葡萄牙政府采取紧缩措施。政府将通过对该国银行资本重组来稳定银行业。2014年，葡萄牙按计划退出了为期三年的调整计划，2014年财政赤字如期降至GDP的4%，2015年进一步降至3%以下。2014年7月，圣埃斯皮里托银行破产，令人们不愉快地回忆起那些引发债务危机的艰难岁月。

在2004年加入欧盟、2008年接纳欧元之后，塞浦路斯成为一个国际银行业务中心。低企业税率刺激了大量外币存款涌入，银行部门快速增长。银行规制和监管十分不协调，中央银行和财政部之间发生分歧是家常便饭。塞浦路斯的银行从希腊和俄罗斯吸引了大量存款，并持有大量希腊政府债券。房地产借贷促进了房地产市场的繁荣，银行资产负债表过度膨胀。房地产泡沫破灭，以及按照第二笔希腊救助计划条款冲减了45亿欧元的希腊政府债务，这是导致塞浦路斯的银行难以履行兑付承
116 诺的主要原因。2012年5月，塞浦路斯政府发放18亿欧元贷款，挽救塞浦路斯大众银行。

塞浦路斯政府起初是向俄罗斯而不是向欧盟和IMF求助。2011年年初，它从俄罗斯寻求到25亿欧元贷款。然而，面对持续存在的困难，为稳定其金融系统并筹集预算赤字资金，2012年塞浦路斯政府向欧盟和IMF申请救助。2013年3月“三巨头”同意了一项救助计划。该计划包括从2013年至2016年安排总计100亿欧元的资金支持。塞浦路斯成为欧盟里第五个获得救助的成员国。

与之前欧元区救助条款和条件不同的是，塞浦路斯政府同意将塞浦路斯大众银行并入塞浦路斯银行，迫使这两家银行中存款额超过10万欧元、不受存款保险保障的储户承担这部分损失，或是将其不受保险保障的存款转化为合并后银行的股本或股权，并同意进行资本重组。这种被称为“内部救助”的做法引起了极大的争议，损害了对银行的信心，导致2013年3月该国不得不对国内和国际资本流动采取暂时的强行管制措施。国内资本管制规定银行提款日限额最高300欧元，该规定到2014年5月

方得解除。

尽管塞浦路斯银行中无存款保险储户的“内部救助”使欧盟纳税人免受另一项救助计划的影响，但这件事仍然加剧了这样一种可能性，即在未来发生任何银行危机时，大储户会在一有风吹草动时就逃之夭夭，从而使更多银行面临倒闭的风险。在写作本书之时（2016年年中），一场愈演愈烈的意大利银行危机似对债权人“内部救助”原则提出了严峻的挑战。在经济增长 117
缓慢、高失业率、高财政负债率的宏观经济形势下，意大利的银行背负了大量不良贷款。众多意大利散户投资者持有意大利银行发行的债券，从政治角度看，很难按照欧元区的规定，在政府对银行施救前把损失强加给债券持有人。 118

第八章

全球金融危机的应对之策

2007—2009年全球金融危机，让人们的目光聚焦于一些特定政策和监管难点。从历史上看，监管之道长期以来遵循这样一个模式，为应对金融危机，往往采取更严格的监管措施，而在繁荣时期，随着上一轮危机成为历史，大家集体失忆，放松管制的呼声往往高涨起来。

货币政策沿革

在货币政策领域，最早采用量化宽松的是日本银行，其在21世纪初为抵御国内通货紧缩购买了国库券，此后又购买了资产支持证券和公司债，购买的规模是促使利率降为零。2001年至2005年购买规模约为3 000亿美元。在美国，美联储在雷曼兄弟公司倒闭前出售国库券，大规模购入流动性较低的资产，旨在向金融系统注入流动性。该措施被视为QE的先驱，QE于2008年11月开始正式启用。这一被追称为QE1的计划包括美联储购买
119 政府担保企业房利美和房地美发行的价值6 000亿美元的债券

和住房抵押贷款支持证券。QE1随后扩展到进一步购买7 500亿美元的GSE证券和3 000亿美元的美国国债。QE1项下的购买计划于2010年3月执行完毕。

从2010年11月到2011年6月，按照QE2计划，美联储购买了6 000亿美元的长期政府债券。2011年9月宣布的“扭曲操作”是一项信贷宽松的措施，卖出短期证券（期限短于三年），买入长期证券（期限六年至三十年）。美联储起初承诺的买卖金额为4 000亿美元，后来在2012年年底前又追加了2 670亿美元。2012年9月，美联储宣布了QE3，每月购买价值400亿美元的GSE债券和MBS。自2014年10月起，QE3扩展到每月再购买450亿美元政府债券。2013年12月，美联储宣布逐步缩减操作规模，2014年10月终止了QE3。在同一个月，联邦公开市场委员会会议发布前瞻性指引，确认为实现就业最大化和通胀率2%的目标，联邦基金的目标利率将在“一段时期”内维持在0至0.25%的水平。

在英国，QE是从英格兰银行在2009年3月到2010年1月间购买约2 000亿英镑资产开始的，主要是购买中长期政府债券，以及一些公司债。此后分别于2011年10月（750亿英镑）、2012年2月（500亿英镑）、2012年7月（500亿英镑）进一步购进资产，总额达到3 750亿英镑。2013年8月，货币政策委员会发布 120
了一项前瞻性指引声明，表示至少在失业率降至7%之前，银行间利率将保持在0.5%，QE项下的存量资产将维持现有水平，当时货币政策委员会新上任的主席是马克·卡尼。2014年2月，随着失业率下降速度快于预期，而经济增长持续疲软，该指引进行了修正，引入了更多指标，不再仅仅钉住失业率。

有人指责QE相当于电子化“印钞”，意味着中央银行用电子化方式创造新的准备金，给那些出售证券的商业银行账户进行授信。QE对货币供应的通胀扩张程度的影响，取决于银行使用这种新创造的准备金扩大贷款的意愿。全球金融危机过后，多数银行不愿意放贷，QE创造的大部分准备金或是存在中央银行，或是被银行用于进行股票、房地产或商品等投机性投资，以期获得高额资产回报。由于今日之准备金明日依然可以被用于发放更多贷款，因此银行积累准备金未必会降低QE带来的潜在通胀风险。然而事实上，相对于通胀风险，政策制定者更关注停止QE后可能带来的通缩问题。

还没有事实证明QE会造成破坏性的通货膨胀，但QE计划是否成功地起到了刺激经济的作用呢？政府同步采取财政紧缩政策，一门心思缩减预算赤字和公共债务，弱化了扩张性货币政策复苏经济的作用。尽管如此，大家仍普遍认为，如果美国和
121 英国的中央银行没有那样积极干预，全球金融危机恐怕还会更严重。

尽管经济增长放缓，且通胀率一直低于ECB所设2%的目标，欧元区直到2015年仍然反对采用QE政策。德国认为，在任何QE计划中，它都可能要负担不合理的成本，并以ECB禁止通过购买主权债的方式直接资助政府为由，质疑购买政府债券的合法性。尽管有此禁令，ECB在主权债务危机期间仍然积极地在二级市场（已发行债券的交易市场）买入债券。2010年至2012年，ECB主要购买欧元区政府发行的债券，抵销因接收银行额外存款资金而本应创造的额外流动性，规模与所购证券金额相当。2011年ECB宣布了一项新计划，通过长期再融资操作

（LTRO）直接向银行提供低息长期贷款，作为ECB定期主要再融资操作（MRO）的补充，主要再融资操作是为银行提供短期流动性的。2012年和2014年宣布进一步通过LTRO进行了债券购买。

ECB于2015年1月宣布的QE计划，包括自2015年3月至2016年9月每月购买600亿欧元债券。债券收益率应声下跌，这使得政府更易于偿还债务，且使银行现有的债券投资资产组合价值增值，强化了其资本。

2014年年中之后有个重要的新变化，几个国家采取了负利率政策，它们或是强行对各银行在中央银行的准备金（存款）执行负利率，或是将主要的政策性利率目标设为负值。中央银行 122
存款负利率将刺激银行放贷，而不是将资金囤积在中央银行，由此激发经济活力。负利率将阻止外国投资者短期资金流入，还有助于降低汇率，刺激本国产品出口。截至2016年，欧元区、丹麦、瑞典、瑞士、日本都加入了“负利率俱乐部”，但美国和英国没有。为弥补经常账户巨额赤字（商品、服务及其他贸易收入），后两个国家可能必须维持较高的利率来吸引海外资金。相比之下，那几个实行负利率国家的经常账户是顺差，外部融资需求的压力没那么大。

直到最近，许多经济学家仍然对负利率政策是否可持续持怀疑态度，他们认为，为避免负利率导致的资金损失，储户（无论是在中央银行存储准备金的银行，还是在零售银行存款的客户）都会快速改为持有现金。除了可能出现银行挤兑，有人担心负利率还可能扭曲其他一些经济行为。例如，与常识相悖，债务人宁可早日还款，而债权人宁愿晚点获得偿付。消费者可能试图以持有旅行、移动话费礼券或预付卡的方式来进行财富保值。实践中，在那些实行中央银行存款负利率的国家，银行依然愿意压缩利润，将准备金存在中央银行，而不愿意承担在它们自己的金库存放大量现金所需的仓储、安保和运输成本。由于银行担心负利率会引发存款挤兑，没有对小额零星存款的储户实行负利率。然而，银行不愿意对存款实行负利率，就导致了银行利润
123 缩水。

银行监管的新近发展

历史经验表明，没有哪个监管制度体系能够如铜墙铁壁般保障金融稳定。规制通常都是回溯性的，从前次危机的教训总结而来。在金融危机高峰时，监管者可能暂缓采取那些会加速经营不善银行倒闭的强硬措施。对监管者或政治家而言，救助恐怕是较安全的措施，他们担心倒闭可能对金融稳定造成难以预见的影响。监管者自己通常是业内人士，他们或者过去就在行业内从业，或是希望将来去从业。银行高管的薪资往往高于那些财政供养的监管机构雇员。相应地，被监管的银行可能会对监管者施加不正当影响，这被称为“规制俘获”问题。

自危机以来，国际清算银行的金融稳定委员会（FSB）大力推动强化监管机制、加强国际合作。FSB由一些高级代表组成，这些代表来自二十国集团成员国和中国香港、新加坡、西班牙、瑞士等国家或地区的财政部、中央银行和监管机构，以及ECB和欧盟委员会等国际机构。FSB是致力于制定政策和最低标准的协调机构，其成员国承诺在本国执行这些政策和最低标准。

危机后对银行资本监管的要求由FSB设计，称为《巴塞尔

协议III》，对《巴塞尔协议II》建立的资本监管三大支柱方法做了修订和扩展（见第五章）。从2013年到2019年分阶段实施新的资本和流动性标准。到2019年，银行最低偿付比必须达到 124
7%，偿付比是指股东资本与风险加权资产之比。最低偿付比的要求中新增加了“资本防护缓冲基金”的要求，其总额不低于风险加权资产的2.5%，旨在增加消化损失的能力。此外，各国的监管者还可以酌情增加“逆周期资本缓冲”要求，最高可至风险加权资产的2.5%。核心一级资本（股东股本加准备金或留存收益）占风险加权资产的比例必须至少达到6%。系统重要性金融机构（SIFIs）的资本必须额外多1%至2.5%。SIFIs是指规模大、关联度高、复杂程度高的机构，一旦经营失败不仅给金融系统造成较大破坏，还会对投资、就业和实体经济增长造成损害。《巴塞尔协议III》引入了一个新的杠杆率要求，银行核心一级资本与（未经风险加权的）总资产之比要保持在3%的水平。银行必须满足新的流动性覆盖率（LCR）要求，确保所持流动性资产足以通过30天的压力测试；还设定了净稳定资金比率指标，以限制对短期大额融资的依赖度。

全球金融危机期间，在围绕着富有争议的救助贝尔斯登和不救雷曼兄弟事件展开的争论中，“太大而不能倒”（TBTF，见第六章）的问题报复性再现。在此阶段，大家认为，更有效地辨别任何情况下都不能倒闭的机构的标准，是这家机构与其他金融或非金融机构的关联度。“关联太紧密而不能倒”（TITF）这个术语被创造出来，它表达了这样的含义：尽管规模和关联度可能有相关性，但它们并非相互依存，经营不善银行的关联度是决定其倒闭所带来系统风险烈度的主要因素。

当银行过于依赖彼此的短期融资，关联度就会带来问题。如果一家银行暂时不借钱给其他银行，银行间借贷市场可能很
125 快就会停滞，从而危及整个银行和金融系统的稳定。另一个说明关联度的例子是，一家银行缔结了大量信用违约互换或其他衍生品合约，其他金融机构是它的对手方，当这家银行倒闭，这些合约将无法得到履行，违约有可能损害对手方的稳定性。

许多发达国家已经开征银行税，特别是欧洲国家。这些税收是另一种形式的审慎管理。目的之一是使银行自己承担更多的隐性担保成本和纳税人负担的救助成本。通常对存款等银行负债征收银行税，需要交税的负债类别各国不尽相同。有些国家，包括新西兰和英国，采用累进税制，使较大型银行承担了大部分或是全部税收负担。英国将从2016年开征银行额外利得税，这将抵销分阶段降低银行税负措施的效果。从银行收取的税收收入可直接注入专门的解决银行问题基金（如德国），或是增加总税收收入（如英国）。有证据表明，银行通过提高贷款利息、降低存款利息，已将大部分额外税负转嫁给消费者。

全球金融危机强化了对商业银行业务和投资银行业务分业经营的要求（重新要求），就像美国1933年到1999年的情形。其目的是希望把零售银行业务隔绝在投机性投资银行业务交易可能造成的损失之外。美联储前主席保罗·沃尔克认为，危机发生之前，银行参与衍生品交易导致系统性风险过高。2020年
126 《多德–弗兰克法》里加入了“沃尔克规则”，禁止美国的银行及其他拥有银行的机构用自己的账户参与证券、衍生品、商品期货和期权自营交易。代客交易仍然是可以的。2015年7月开始要求完全执行“沃尔克规则”。有反对者认为，证券交易功能是风

险管理的基本工具，该规则没有区分交易活动和降低风险行为，如区分套期保值和纯投机交易。实践中可能很难区分代表客户进行证券交易和自营交易。在游说议员抵制该规则时，银行指出限制它们开展经许可的经营活动将有损它们的国际竞争力。

英国银行业独立委员会2011年建议，银行应当隔离其零售银行业务部门和证券或投资银行业务运营，该委员会时任主席是约翰·维克斯。从2019年开始，存款规模超过250亿英镑的银行要把零售业务和交易业务分设为不同的子公司。这两类业务实体都必须证明它们能独立运营，零售银行实体需执行更严格的资本要求。银行将可以自行设计自己的经营模式，并要证明自身的合规情况。

在欧洲，2012年利卡宁委员会的报告曾提出对隔离原则做进一步修改，这个提案提出的时候没能成为法律。芬兰银行行长利卡宁建议，用于进行交易的资产规模超过1 000亿欧元的银行，或是该类资产占总资产比例达15%至25%以上的银行，应当将其交易业务划归一家独立法人实体的交易银行。该交易银行不得通过零售存款业务获得资金，也不得提供零售支付服务。零售银行可以继续运用衍生工具来进行风险管理和套期保值，127 这两类实体必须分别满足相应的资本要求。

微观审慎管理是指针对单个银行的监管措施，宏观审慎管理是指那些旨在增强金融系统整体稳定性的措施。宏观审慎管理和监督旨在应对由相互关联性引起的，或者说银行与其他金融机构、非金融机构之间互动引起的系统性风险。全球金融危机以来，FSB已经根据规模、相互关联性、复杂度等量化分析，认定了28家全球系统重要性金融机构（G-SIBs）。其中十六家总部在欧洲，八家总部在美国，三家在日本，一家在中国。有人建议G-SIBs应当比其他银行受到更严密的监管，并且持有更多的资本，这个资本要求应与其一旦倒闭所造成的广义经济成本估值相匹配。2014年11月，FSB宣布建议G-SIBs应具备承受相当于总资产16%至20%损失的能力。

金融危机以来，银行家的薪酬和奖金一直备受公众关注。大型银行给员工发放奖金的数额巨大。据《卫报》援引的英国数据，2012年汇丰银行的利润为70亿英镑，奖金为18亿英镑；汇丰银行全球有204名雇员平均每人奖金超过100万英镑。巴克莱银行的利润为137亿英镑，奖金总额24亿英镑，有428名雇员每人奖金超过100万英镑。RBS尽管亏损了50亿英镑，奖金总额仍有6.07亿英镑；劳埃德银行亏损500万英镑，奖金总额3.75亿英镑。RBS、劳埃德等银行用纳税人的救助资金向高管支付奖金，对银行自身的公众形象、对执政当局造成了极其恶劣的影响。2012年，RBS的前任CEO弗雷德·古德温被剥夺了他2004年因对银行业的贡献所获得的骑士勋章。

尽管公众很愤怒，政客们仍然不愿意对管理人员薪酬进行立法，更愿意将薪酬当成由市场力量确定、由董事会决定的事务。由于任何规制都有其地域限制，有人认为管理人才市场是全球性的，在一个地方采取的限制措施只会使管理人员或银行跑去那些法律上没有限制的地方。欧盟是个值得注意的例外，2014年立法规定奖金最高为工资的一倍，除非至少65%的股东（如果不足法定人数则必须达到75%）同意将最高限提高到工资的两倍。反对者认为，由于银行会努力保持总薪酬水平不变，对奖金设高限只会使工资水平更高。如果银行采取提高工资的应对方式，则总报酬中固定比例会更高，这将降低银行在形势恶化时对成本进行调整的灵活度，而不是提高其灵活度。英国2009年临时采取的对银行奖金征税，可能使银行为保持净支付额不变而支付更高的奖金总额。

伦敦银行间市场拆借利率（Libor）是银行在伦敦银行间市场隔夜相互借款的利率。Libor也被作为向房主、公司、政府发放贷款的定价基准，同样也是衍生品等其他多种证券的定价基准。直到最近，仍然每天计算并公布十种货币、从隔夜到一年期共15种期限的利率。历史上，Libor由英国银行家协会负责管理，基于十八家大型银行提供的报价（并非实际利率）确定。每天早晨，银行将它们估计的借款成本报给汤森路透公司。去除最高和最低的25%报价后，剩余报价的平均值就是Libor。

2008年，《华尔街日报》一篇文章指称Libor利率有操纵问题；2012年大量证据进一步浮出水面。在金融危机期间，一些银行降低了对Libor的估值报价，以使自己显得更有信誉，经营状况比实际情况更好。如果利率能下降，许多银行可以从利率类衍生品上赚取可观的利润。经过一系列调查，在多个国家发现了大量操纵利率的证据。随后，几家大型银行和经纪人，包括巴克莱、USB、RBS、德意志银行和法国兴业银行被处以巨额罚款，2015年一名前交易员被判处长期监禁。接着，Libor从英国银行家协会移交给纽约泛欧交易所利率管理公司（洲际交易所并购纽约泛欧交易所后，该公司被重新命名为ICE基准管理局），由英国的FCA监管。2014年7月，FSB公布了让基准利率尽可能接近真实市场交易数据的方案，使Libor不易受到操纵。按照“双轨”法，通过以市场交易数据为支撑，现行的Libor将得

129

到强化；开发基于市场交易的“接近无风险参考利率”的工作已经开始。

尽管在危机前已有广泛共识，认为中央银行、监管者、投资者都过于依赖信用评级机构提供的信息，但该领域的改革进展缓慢。美国的《多德-弗兰克法》强化了对信用评级机构的管理；要求机构披露它们所做评级的长期表现如何；并要求机构提供更多的信息，使投资者能够更有效地理解这些公布的评级。该法的一项修订案规定，评级不受言论自由保护，而应被视为具有商业特性，要按照对审计师、证券分析师、投资银行家等的责任要求和监管标准进行管理。FSB已经要求在标准、法律和法
130 规中减少对机构评级的参考，并且要求银行和其他大型投资者披露有关信用风险评估替代方法的信息。

此次危机中暴露出的场外衍生品交易市场的不足有：对逐步积累的交易对手风险既没有充分认识也没有进行适当管理；交易对手方信用风险的规模和集中度不透明。2009年，二十国集团领导人承诺进行改革，建立集中清算制度以及相应的标准化场外衍生品电子交易系统，改进交易报告制度，对非集中清算的交易提出更高的资本要求。美国的《多德-弗兰克法》规定，一些流动性强的标准化衍生品交易，包括CDS，要进行集中清算。但是，在持续、及时、准确地报告数据以使监管者精确判断交易方风险这方面的进展始终差强人意。危机过去几年了，监管者对衍生品市场带来的金融稳定风险的判断能力到底有没有提升，这很值得怀疑。

毋庸置疑，影子银行系统积累的风险是导致全球金融危机的一个因素。从2011年起，FSB一直在做年度监管评估，并以

IMF、ECB和美洲、亚洲一些区域性咨询团队所做的演练为补充。还有其他几项主动加强影子银行系统监管的措施也已提上日程。FSB要求巴塞尔银行监管委员会拟订降低传统银行和影子银行之间互动风险的提案。新的风险敏感度资本要求将于2017年开始执行，旨在确保银行有充足的资本能够覆盖其基金股权投资（规定特定基金的标的投资品和杠杆率）。为衡量并控制银行大额持仓水平，2019年将实施一个新的监管框架，限定 131
一家银行在某个交易对象或某组关系紧密的交易对象处可承受的最高损失额。报告并监管大额持仓情况突破了现行资本管理规定的范围，并可应用于所有的国际性银行。

货币市场基金（MMFs）的负债结构，使这些基金在金融危机时很容易发生挤兑。2012年10月，证券委员会国际组织IOSCO（一些国家证券监管委员会组成的国际协会）发布最终政策建议，为MMFs统一监管标准提供了基础。其中一条主要建议是，MMFs的净资产价值应当改成浮动的，而不是固定的。

有关方面一直努力提高证券化资产市场的透明度和激励一致性。2012年11月，IOSCO建议应当要求证券化机构在其账户上持有一部分新发行的证券化产品；2014年10月，美国当局采取了一条新规，要求资产支持证券的发行人承担不低于5%的标的资产信用风险。2013年8月，FSB为监管当局开发了一个用于评估影子银行机构而非MMFs系统风险的框架体系，该框架体系是基于经济功能（期限转换、流动性）而非法律形式进行评估，FSB还设计了一套可用于降低影子银行系统风险的政策工具。

跨境银行业务带来了复杂的监管问题，当一家在多个国家有业务的银行倒闭时，这些国家各有其监管规则，处理该银行的问题尤为复杂。当各国监管规则之间的差异较大，会给国家层面的监管体系造成压力。即便在最好的情形下，各国监管机构也很难
132 合作，争议会使行动迟缓，而有些情形下速度至关重要。自金融危机以来，这些问题的解决进程一波三折，至今仍无起色。

跨境银行的法律架构决定了各国监管机构的责任边界。通常而言，国际银行的分支机构受母国监管，换言之，国际分支机构由该银行总部所在国的监管机构负责监管。相比之下，母公司持有、注册为独立法人实体的子公司属于东道国监管机构管辖范围，因此子公司所在国的监管机构负有监管责任。

在经营破产的情况下，如果直接的损失主要影响东道国而非母国，母国监管会制造困难。2008年冰岛的银行崩溃正说明了母国进行破产救助的能力与跨国银行的规模不相匹配有多危险。2006年至2008年，冰岛国民银行和考普兴银行开辟了网上银行业务，向英国、荷兰等国的储户提供高息国际存款服务，这些国际业务以冰岛国民银行旗下的“冰岛储蓄”品牌和考普兴银行旗下的“考普兴边锋”品牌名义，通过在欧洲九个国家的分支机构开展。随着雷曼兄弟倒闭，2008年9月银行间市场流动性枯竭，冰岛的中央银行没有足够的欧元和英镑储备，难以发挥最终贷款人作用，无法满足银行的资金需求。

10月初，格里特利尔银行进入破产清算，随后英国、荷兰的在线储户在“冰岛储蓄”的存款遭到挤兑，冰岛国民银行很快也倒了。由于“冰岛储蓄”是冰岛国民银行的分支机构（不是子公司），其英国储户得不到英国存款保险的保障，但英国政府冻结了冰岛国民银行在英国的资产，宣称这可以全额补偿英国零散

储户。英国当局还将考普兴银行的英国子公司纳入监管范围，133
将其国际银行“考普兴边锋”出售给荷兰国际集团直销银行。在冰岛，考普兴银行进入破产清算。冰岛仅有30多万人，IMF认为，相对于冰岛的经济规模来讲，冰岛银行体系崩溃是有史以来规模最大的。

全球金融危机以来，一直在努力推动就破产的跨境银行资产处置问题达成国际合作协议，但进展缓慢。要人们信任外国监管机构能够公平地对待所有储户、债权人和股东，绝非易事。大家反而倾向于对国际银行业务采取分裂或“分割”政策。例如，《多德-弗兰克法》要求外国银行成立独立的居间股权公司（IHC），持有在美国经营的全部附属机构，接受美国监管。这些附属机构自身除了要满足美国的资本充足率要求而会增加成本之外，成立一家IHC还有许多其他成本，包括构建新的管理、决策和报表体系，雇用新员工，修改信息系统等。

大型国际银行面临最麻烦的问题之一是其涉及多个司法主权管辖范围，必须符合多重监管规定。母国、东道国和国际监管规则织就了一张复杂的网，各监管当局可能有意无意地通过逼迫大型机构缩减规模这种旁门左道来处理“太大而不能倒”的问题。然而，这种办法可能会降低金融系统效率，因其有效地阻碍了拥有最强技术能力的超大规模银行开展国际业务。

2012年6月欧盟委员会发起了成立欧盟银行联盟的提案，
包括三大支柱。第一个支柱是，将123家被认定为“重要”银行 134
的监管权由各国的监管机构交给由ECB管理的统一监管机制（SSM）。目的是执行以《巴塞尔协议III》为基础的统一监管规则，而不是各自为政的国家监管规则。SSM于2014年11月开始运转，英国和瑞典当局已经拒绝加入SSM。

EBU的第二个支柱是泛欧解决机制，旨在有序关闭那些坏死的银行，尽可能少用纳税人的钱来救助银行。第三个支柱是建立欧盟存款保险制度，该制度与处置基金一起都由一个共同处置机构负责管理。这个支柱具有争议，因为其中暗含了债务互助机制，即银行系统健康有序的成员国所提供的存款保障资金会被用于保护那些银行系统出问题国家的储户。除EBU之外，还有关于成立资本市场联盟（CMU）的提案，其中建议逐渐消除整合欧盟资本市场的经济和法律障碍。

2016年6月英国公投的结果影响了建设EBU和CMU的进程，这次投票以微弱多数（51.9%比48.1%）决定英国应当脱离欧盟（英国脱欧）。英国政府援引《欧盟条约》第50条款，启动了脱欧进程，英国和其他27个欧盟成员国开始了为期两年的谈判，以确定未来的合作关系。在本书写作时（2016年年中），英国新首相上任，专门设了一个部长职位负责脱欧条款事宜。

英国和其他国家的银行和其他金融服务业的未来结构与格局，将很大程度取决于今后英国与欧盟的关系。在脱欧前，英国
135 是欧洲最大的金融中心，伦敦在全球批发金融业务、欧元等主要货币交易市场等方面占据了最重要的地位。脱离欧盟后，英国失去了统一市场的入门证，英国的银行进入欧洲的通道可能被阻断。一家英国银行可能得在想开展业务的每个欧盟成员国单独申请许可。大量银行业务可能会选择从英国转移到都柏林、巴黎、法兰克福等其他金融中心去。无论如何，英国脱欧条款在相当长的一段时间内具有不确定性，这将使那些目前注册在英
136 国的银行面临复杂的操作和战略抉择。

词汇表

Adjustable rate mortgage 可调整利率住房抵押贷款

利率随着某个特定市场利率定期调整的住房抵押贷款。利率在起初的一段时间是固定的，之后开始调整。

Adverse selection 逆向选择

当一项服务主要被那些只能给卖方带来较低收益的买主购买时，就意味着发生了逆向选择。例如，借款人比贷款人更了解自己，可以某种方式进行自我选择，使银行贷款大部分被高风险借款人获得。

Asset-backed commercial security 资产抵押商业票据

银行或其他金融机构发行的一种短期证券。寻求融资的企业将未来的预期收入流出售给银行，银行转而将ABCP出售给投资者。当该企业获得这些收入时，就会通过银行交给投资者。

Asset-backed security 资产支持证券

这种证券的还款来源是抵押贷款或学生贷款等标的资产池。这些标的资产产生的现金流被分配到承担不同水平信贷风险的组别中。与次级组别的投资者相比，高级组别的投资者具有优先获偿权。

Asymmetric information 信息不对称

交易一方比另一方掌握更多信息的情况，这会妨碍市场顺畅发挥作用。金融市场容易受信息不对称问题影响，出现逆向选择和道德风险。

Broad money 广义货币

137 货币供应量的一种口径，包括公众持有的现金、商业银行的准备金，以及银行或其他金融机构随时可变现的存款。

Capital 资本

银行的总资产与其从储户及投资者处筹资所形成的负债之间的差额。资本，亦称股本或净资产，是股东在银行持有的权益，可以用于对冲银行的意外损失。

Collateralized debt obligation 担保债务凭证

亦称债务抵押证券，将一些可产生现金流的资产重新打包并切分成承担不同水平信用风险的组别所形成的证券。这些资产本身可能就是资产支持证券。

Commercial bank 商业银行

吸收存款并发放贷款的银行。商业银行既开展零售银行业务，也开展企业银行业务。

Commercial paper 商业票据

评级较高的金融或非金融企业为融资而发行的短期无担保证券。

Corporate banking 企业银行业务

这是银行的核心业务，包括向大公司提供存款和贷款服务。

Corporate bond 公司债券

大型企业发行的固定利率证券，是大企业的一种借款工具。

Credit default swap 信用违约互换

一种信用衍生品。该产品约定，买方定期向卖方付款，为政府债券、公司债券或住房抵押贷款支持证券等标的资产可能存在的违约风险投保。一旦被保险资产发生违约，卖方承诺赔付违约损失。

Credit derivative 信用衍生工具

一种衍生证券产品，将标的资产的信用风险从一方转移到另一方。

Credit easing 信贷宽松

中央银行采取的一种非传统货币政策，包括通过公开市场操作买入长期或高风险证券，卖出短期或低风险证券。

Credit rationing 信贷配给

因银行不愿放贷而使投资者的可行性项目无法获得融资的情形。

Credit risk 信用风险

借款人或证券发行人将来无法兑现偿付承诺导致银行或证券持有人发生损失的风险。

Credit-rating agency 信用评级机构

就证券、企业、国家的风险情况发布评级的机构。信用评级行业中的龙头是标准普尔、穆迪和惠誉国际。 138

Currency risk 货币风险

当银行持有以不同货币计价的资产和负债时，汇率变动导致资产负债表中资产价值下降或负债增加的风险。

Deposit expansion multiplier 存款扩张倍数

银行存款增加后相应增加贷款发放量所带来的广义货币（成倍）增加。

Deposit insurance 存款保险

在银行倒闭时保障小储户能够得到偿付（通常有特定限额）的机制。存款保险资金可由银行或政府来筹集。

Deposit rate 存款利率

中央银行对商业银行在中央银行的存款，即准备金支付的利率。

Derivative 衍生品

一种证券产品，其价值源自一个或多个标的证券或指数。

Discount rate 贴现率

中央银行向商业银行提供贷款所收取的利率。

Equity 股本

参见资本。

Fire sale 甩卖

被迫以折扣价出售资产，通常发生在银行流动性或资本短缺的时候。

Foreword guidance 前瞻性指引

中央银行对未来货币政策或利率政策的口头承诺。

Forward 远期合约

双方就未来以某个价格买卖一笔资产订立的场外合约。

Future 期货

与远期合约类似，但是在交易所进行购买和交易（而不是场外）。

Government bond 政府债券

政府为借款而发行的固定利率债券。

Government-sponsored enterprise 政府担保企业

美国的一种金融服务企业，旨在促进向特定人群或经济部门发放信贷资金。GSEs包括联邦全国抵押贷款协会（房利美）和联邦住房贷款抵押公司（房地美），它们帮助中低收入群体获得住房抵押贷款。

Interbank market 银行间市场

银行之间进行借贷的市场。

Interest-rate risk 利率风险

利率上涨迫使银行给储户支付更高利率，而固定利率贷款所形成的利息收益却不会变化，由此形成的风险。

Investment bank 投资银行

向企业、政府和富人提供服务的银行，其服务包括帮助安排并购、新发行证券包销、资产或财富管理等。投资银行还进行证券、商品和衍生品交易。

Junk bond 垃圾债券

高风险、高收益的企业债券。

Lender of last resort 最终贷款人

中央银行承担的向暂时无法满足储户提款需求的商业银行提供紧急贷款的职责。

Leverage 杠杆

银行为筹集其开展证券投资和放贷等资产业务所需资金而负债的数量。杠杆会放大风险。如果通过借钱购得的资产产生了预期收益，那么借钱购买资产是划算的，但如果这些资产没能带来预期收益，就会影响到偿付能力。

Liquidity 流动性

某种资产变现的容易度或速度。流动性资产可以方便且快捷地出手。

Liquidity risk 流动性风险

银行持有的流动性资产可能无法满足其储户提款需求的风险。

Market risk 市场风险

银行的证券投资可能无法带来预期回报或证券价值下跌的风险。

Monetary base 基础货币

公众持有的现金，以及商业银行的存款准备金。相对于广义货币更狭义的货币供应量，亦称狭义货币。

Money market fund 货币市场基金

美国一种投资于商业票据和短期政府债券等证券的共同基金。

Moral hazard 道德风险

当个人或实体知道将由其他人来承担其冒险或过失行为的损失时，他们会倾向于不负责任地行动。例如，如果借入的资金被不负责任地使用，贷款人可能会要承担借款人违约带来的损失。

Mortgage-backed security 住房抵押贷款支持证券

标的资产为一个住房抵押贷款池的一种资产支持证券。

Narrow money 狭义货币

参见基础货币。

Net worth 净资产

参见资本。

Open market operation 公开市场操作

中央银行为调节货币供应量而进行的政府债券等证券买卖。 140

Operational risk 经营风险

因自然灾害、恐怖袭击，或是员工过失或欺诈行为导致银行人力物力损失的风险。

Option 期权

约定有权在某个规定时点之前或之时以规定价格购买（看涨期权）或卖出（看跌期权）某个资产（如某一证券等）的合同，这是一项权利，没有必须买进或卖出的义务。

Over-the-counter market 场外市场

买卖双方在这个市场里彼此直接磋商和交易，没有监督方或交易中介。

Quantitative easing 量化宽松

中央银行从银行或其他金融机构购买证券的措施，提供将目标政策利率降至零所需的额外准备金。

Repo 回购

卖方出售证券时，承诺一段时间后（通常为隔夜）以略高的价格购回该证券。被银行广泛使用的一种短期资金来源。

Reserves 准备金

商业银行在中央银行的存款，具有高流动性和安全性。

Retail banking 零售银行业务

向消费者、房主和小工商户提供的银行服务。

Securitization 证券化

银行将一大批贷款打包并出售给一个结构化投资工具（SIV）的操作。SIV通常通过向投资者出售资产支持证券或住房抵押贷款支持证券来筹集购买这些贷款的资金，这些证券是以贷款的未来预期收益为支撑的。

Settlement risk 结算风险

在合同结算时点，一方可能无法向另一方履行相关金融义务的风险。

Shadow banking 影子银行

提供类似于银行服务的金融机构，但是无须获得银行业务许可且大部分不受监管。

Sovereign risk 主权风险

因主权国家的行动而产生损失的风险，如政府债券暂停偿付或违约。

Special purpose vehicle 特殊目的机构

金融机构下属的具有独立法人地位的机构。SPV可用于将资产从自身的资产负债表中转移出去，这可能是为了逃避监管对持有该资产所做的资本要求。

Stress test 压力测试

141 检验银行在经济状况恶化时承受损失的能力，如坏账率上升、市场利率发生不利变化等。

Structured investment vehicle 结构化投资工具

特殊目的机构的一种类型，负责进行结构化证券交易，如资产支持证券或住房抵押贷款支持证券。

Subordinate debt 次级债

优先级较低的一种债，当发行人违约、无法兑现偿付承诺时，这类债务的偿付排序次于其他（有担保）债务。

Subprime mortgage 次级住房抵押贷款

在美国，向那些信用评级较低或信用记录较差的借款人发放的住房抵押贷款。

Swap 互换

一种证券衍生品，交易方约定将来在商定日期进行一系列现金流交易。常见的例子是利率、货币、商品互换。

Syndicated lending 辛迪加贷款

由几家银行组团（辛迪加）向一家大企业或一国政府发放的大额贷款。

Underwriting 包销

投资银行承诺购买所有未被投资者认购的新发行证券。

Wholesale banking 批发银行业务

向大企业提供的金融服务，包括企业银行业务和投资银行业务。 142

索 引

（条目后的数字为原书页码，见本书边码）

A

B

索引

C

D

E

F

G

H

I

J

K

L

M

N

O

P

Q

R

S

T

U

V

W

Y

John Goddard and
John O. S. Wilson

BANKING

A Very Short Introduction

For Sarah, Aimée, Thomas, and Chris — *John Goddard*

For Alison, Kathryn, Elizabeth, and Jean — *John O. S. Wilson*

Contents

Acknowledgements

We would like to thank Andrea Keegan and Jenny Nugee at Oxford University Press for commissioning and managing the development of this volume through to completion. We wish to thank three anonymous reviewers for helpful comments and suggestions that have greatly improved the text. Finally, we would like to thank our families for their patience and support throughout the process of writing this volume.

List of illustrations

List of tables

Chapter 1
Origins and function of banking

A bank is an institution that accepts deposits from savers, extends loans to borrowers, and provides a range of other financial services to its customers. Banks are a central part of the modern financial system. Banks play a key role in organizing the flows of funds between savers and borrowers, including households, companies, and the government. In recent decades advances in information technology have delivered major changes in the quality and range of banking services, and have generated cost savings for banks. Customers in many countries use electronic distribution channels, such as automated teller machines, telephone and mobile banking, and internet banking, to gain access to banking services, in preference to visiting traditional high-street branches. Innovations in payments have led to a shift away from cash and cheques to faster and more convenient electronic payment systems, such as credit and debit cards, and contactless payment technologies, in some cases linked directly to customer bank accounts. Those parts of society unable to access the new distribution channels, however, have been denied many of the benefits of technological progress. Less visible to the banking public has been the rise of the 'shadow banking' system, comprising financial institutions that offer similar services to banks, but operate without banking licenses and largely beyond the scope of regulation.

The recent history of banking has witnessed the inexorable growth of large banking organizations, the biggest of which now span the globe. Much of the growth of the largest banks has been fuelled by the acquisition of competitors, sometimes at the height of banking or financial crises when banks in financial difficulty have been bailed out or rescued. Even the largest banks are inherently fragile and vulnerable to the possibility of collapse. A bank's depositors expect the bank will always be willing and able to cash their deposits quickly; but when a bank grants a loan to a borrower, the funds tied up in the loan may not be accessible to the bank for many years, until the loan is due for repayment. Provided all of the bank's depositors do not demand to withdraw their deposits simultaneously, the bank should be able to meet its commitments to depositors, and remain solvent. However, banks are vulnerable to a possible loss of depositor confidence. If all depositors seek to withdraw their funds simultaneously, the bank may soon run out of the cash it needs to repay them.

Until 2007, many commentators would have agreed that modern, technologically sophisticated banks, operating within a system of light-touch regulation, would always be able to provide plentiful finance for borrowers seeking to invest. The global financial crisis of 2007–9 was a rude awakening, and has led to a fundamental reappraisal of this view. During the crisis many banks suffered huge losses, some went out of business, and others required large taxpayer-funded bailouts to avoid collapse. As many economies entered recession, governments encountered large public spending deficits and mounting public debt. The global financial crisis was followed by a sovereign debt crisis, affecting countries such as Greece, Ireland, Portugal, and Spain. Central banks around the world have implemented unconventional monetary policies in an attempt to boost economic activity. New laws have been passed, and new rules imposed, to constrain the freedom of banks to undertake risky lending. New supervisory frameworks have been developed to monitor not only the risk of individual banks, but also the stability of the entire financial system.

Society benefits when the banking system operates efficiently and borrowers and depositors are able to realize their aims. Economic growth and development are hindered if promising investment opportunities remain unexploited because entrepreneurs are unable to borrow the funds they need to exploit these opportunities. A poorly performing or underdeveloped financial system can present an obstacle to growth and prosperity, if loans are granted for unproductive purposes dictated by family connections, political influence, or cronyism.

The key role of banks in the financial system and the vulnerability of banks to sudden collapse, owing to a loss of confidence on the part of depositors or other providers of funding, are recurring themes throughout this Very Short Introduction. This book highlights the financial services banks provide, the risks they face, and the role of the central bank. The book describes the main events of the global financial crisis and the sovereign debt crisis, and investigates the ways in which the banks themselves, industry supervisors and regulators, central banks, governments, and international agencies have adapted to the harsh lessons learned from the upheavals of the past decade.

A short history of banking

The earliest-known money-lending activities have been identified in historical civilizations and societies including Assyria, Babylon, ancient Greece, and the Roman Empire. Modern-day banking can be traced back to medieval and early Renaissance Italy, where privately-owned merchant banks were established to finance trade and channel private savings into government borrowing or other forms of public use. Private banks were typically constituted as partnerships, owned and managed by a family or some other group of individuals, and operating without the explicit sanction of government. Amsterdam became a leading financial and banking centre at the height of the Dutch Republic during the

17th century; succeeded by London during the 18th century, partly as a consequence of the growth in demand for banking services fuelled by the Industrial Revolution and the expansion of the British Empire. The first shareholder-owned bank in England was the Bank of England, founded in 1694 primarily to act as a vehicle for government borrowing to finance war with France. Despite its important role in raising public finance, the Bank of England did not assume its modern-day position as the government's bank until the 20th century.

Acceptance of the principle that banks could be owned by large pools of shareholders was key to the evolution of modern commercial banks. Shareholder-owned banks could grow much larger than private banks by issuing or accumulating shareholder capital. The shareholder bank's lifetime was indefinite, not contingent on the lives and deaths of individual partners. The Bank of England was originally incorporated with unlimited shareholder liability, meaning that in the event of failure shareholders would not only lose the capital they had invested, but were also liable for their share of any debts the bank had incurred. The same applied to private banks constituted as partnerships. Unlimited liability was seen as essential, because banks had powers to issue banknotes, and might do so recklessly unless their shareholders were ultimately liable when the holders of banknotes demanded redemption.

In England the introduction of shareholder banks was inhibited by the prohibition, until the early 19th century, of the issue of banknotes by banks with more than six partners. During the 18th century, the population of small private banks had increased; but many had insufficient resources to withstand financial shocks. Legislation passed in 1826 granted banknote-issuing powers to private banks with more than six partners headquartered outside a 65-mile radius of London. In 1844 the issue of banknotes was tied to gold reserves, paving the way for the Bank of England eventually to become the sole note-issuing bank. The inscription that appears on all English banknotes 'I promise to pay the bearer on demand the sum of…', signed by the Chief Cashier on behalf of the Governor of the Bank of England, dates historically from the time when the Bank of England accepted a liability to convert any banknote into gold on request. The gold standard was abandoned by Britain at the start of the First World War, reintroduced in 1925 but abandoned again, permanently, in 1931.

The year 1844 also saw the establishment of a banking code, comprising detailed regulations on governance, management, and financial reporting. With a framework now in place for the charter and regulation of banks, the case for shareholder banks to be granted limited liability status and brought under the wings of general joint stock company law gained traction. Limited liability status was permitted in legislation passed during the 1850s, eliminating a major constraint on the growth of individual banks. Subsequently a trend towards the consolidation of shareholder and privately-owned banks through merger and acquisition progressed steadily, resulting in the emergence of several large commercial banks with nationwide office networks. By 1920 the 'big five', Westminster, National Provincial, Barclays, Lloyds, and Midland, accounted for around 80 per cent of all bank deposits in England and Wales. These five banks continued to dominate throughout the Great Depression of the 1930s and the Second World War. The high-street branch networks of the 'big five' and others proliferated during the 1950s and 1960s. The more recent evolution of the UK's major high-street banks is traced in Figure 1.

The most important mutually-owned depository institutions in the UK were the building societies, which first emerged in the late 18th century, using members' subscriptions to finance the construction of houses for members. The original building societies, which ceased trading when all members had acquired houses, were superseded during the 19th century by permanent building societies, which continued to trade on a rolling basis by

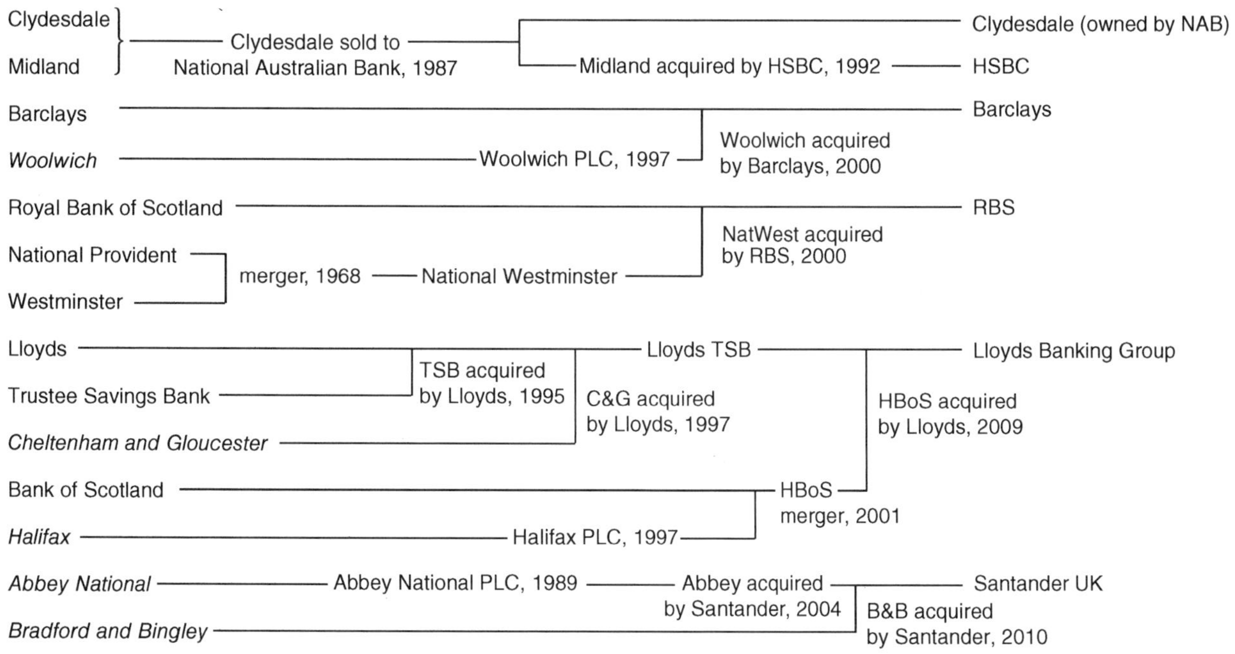

Note: Mutually-owned building societies are shown in italics until date of demutualization.

1. Evolution of UK retail banks.

acquiring new members. In the 1980s legislation was passed allowing building societies to demutualize, and acquire the status of limited companies like other commercial banks. Several of the larger building societies did so; others disappeared through acquisition or nationalization. Around forty independent UK building societies survived into the mid-2010s.

Meanwhile the Bank of England continued its evolution towards its current status as the government's bank. The Bank acted as lender of last resort to the banking system for the first time, by lending cash to banks that were temporarily unable to meet the demands of their depositors for withdrawals, during the financial crisis of 1866. The Bank declined to bail out Overend Gurney, whose collapse had precipitated the crisis. In 1890, however, the Bank organized a bailout of Baring Brothers and Company. The Bank of England was eventually nationalized (taken into public ownership) in 1946.

The first attempt to establish a government bank in the United States, the Bank of North America (1782), came almost a century after the creation of the Bank of England. It was succeeded by the First Bank of the United States (1791–1811) and the Second Bank of the United States (1816–36), both of which were refused renewals of their charters in the face of political opposition to the principle of federal (national) regulation of banking, as opposed to state regulation.

By contrast, the earliest US shareholder-owned commercial banks, the Bank of Massachusetts and the Bank of New York (both 1784), were formed and chartered at state level several decades before their English counterparts. The requirements for state chartering were eased during the 1830s leading to the 'free banking era' (1837–62), during which there was rapid growth in the banking industry, and an extension of a diverse patchwork of banknotes issued by state-chartered banks. Legislation passed in 1863 and 1864 allowed banks to be chartered at federal level, and created the conditions for the emergence of a unified national currency.

The 'national banking era' (1863–1913) saw the emergence of the dual system that operates in the US today, in which federally- and state-chartered banks coexist. Deprived of their powers to issue banknotes, the state-chartered banks survived by expanding deposit-taking, and benefitting from capital requirements that were generally lighter than those of federally-chartered banks. For much of the national banking area, federally-chartered banks and state-chartered banks in most states were subject to double, multiple, or unlimited shareholder liability. Under double liability, shareholders of failed banks could lose both their original investment, and an additional sum that usually approximated to the original investment. Under multiple or unlimited liability, shareholder exposure in the event of failure was even greater. Such provisions were intended to act as a brake on risky banking practice, but the national banking era still witnessed a series of banking and financial crises. One of the most severe, the Panic of 1907, provided the impetus for the creation of a federally-chartered central bank that could act as lender of last resort during a banking crisis. Legislation passed in 1913 established the modern-day Federal Reserve System (see Chapter 4).

During the early 1930s, as the Great Depression gathered momentum, the banking industry entered a phase of renewed crisis. Reform was a key component of the incoming Roosevelt administration's 'New Deal'. Following the temporary closure of all US banks for several days in March 1933, measures to restore confidence included the creation of the Federal Deposit Insurance Corporation (FDIC) to provide deposit insurance, a scheme guaranteeing that small depositors are reimbursed if their bank collapses; the extension of federal regulatory oversight to all banks for the first time; and the separation of commercial from investment banking under the provisions of the Glass–Steagall Act (1933). Double and multiple shareholder liability fell out of favour during the 1930s, and was replaced almost everywhere by limited liability.

The reforms of the 1930s, together with stable currency values maintained by the post-Second World War Bretton Woods system of fixed currency exchange rates, provided the foundation for a phase of relatively stable and tightly regulated banking during the 1940s, 1950s, and 1960s. The demise of Bretton Woods in 1973, and a growing trend towards the liberalization and deregulation of financial markets from the 1970s onwards, created opportunities for the development of new financial services, as well as new sources of risk that were brought sharply into focus by the global financial crisis of 2007–9.

In the US mutuals include Savings and Loan (S&L) associations, also known as thrifts. S&Ls first appeared during the 1830s, and were modelled on UK building societies. Members subscribed to shares, purchased in monthly instalments, and could borrow funds for a house purchase in proportion to their shareholdings. Interest was charged, and the loan was repaid through continued monthly payments. Urban growth during the second half of the 19th century was accompanied by a proliferation of S&Ls. Many S&Ls disappeared during the S&L crisis of the late 1980s and early 1990s, due primarily to unsound mortgage lending (see Chapter 6). Other mutuals in the US include savings banks, the first of which was formed in Boston in 1816; and credit unions, which originated in the early 20th century. Credit union membership, defined by a 'common bond', is restricted to individuals who share some form of association, such as an employer, profession, or church.

Structure of a bank's balance sheet and income statement

To understand what banks do and how they operate, it is useful to examine the structure of a typical bank's balance sheet and income statement. By law, all banks are required to publish these financial statements at regular intervals, usually either annually or quarterly. A balance sheet is a report on the financial structure and condition of a company, providing a realistic assessment of the value of the company's assets and liabilities at the time of publication.

Banks typically raise funds from depositors, investors, and their own shareholders. These funds are classed as liabilities on the bank's balance sheet, because they impose an obligation on the bank to service the funds it has effectively borrowed, for example by paying interest. They also impose an obligation on the bank to repay these funds at some point in the future, for example when a bond issued by the bank matures, or whenever a depositor chooses to withdraw funds or close an account.

When a depositor places funds in a personal or company bank account, the bank effectively borrows those funds from the depositor. In exchange, the bank incurs an obligation to provide various types of banking service and, in the case of savings accounts, pay interest on the funds deposited. A bond issued by a bank is a commitment on the part of the bank to make regular payments to the investor over the lifetime of the bond, equivalent to interest payments on the nominal value of the bond, and to repay the nominal value at a specified date of maturity. Typically the total amount repaid exceeds the initial purchase price of the bond, in order to provide the investor with a return. The issue of a bond is analogous to the bank borrowing funds from the bond purchaser or investor. The value of bonds the bank has issued but not yet redeemed appears as debt on the bank's balance sheet. The legal entitlement of bondholders to repayment in the event of the bank's failure is weaker than that of other creditors, including depositors, to whom the bank owes money. A hierarchy may also exist among the holders of different classes of bond. The holders of a class of bond known as 'subordinated debt' have the weakest protection, ranking below depositors and other bondholders in the queue for repayment if the bank is liquidated.

Banks apply or invest the funds they have raised from depositors, investors, and shareholders in several ways to build a portfolio of assets that generate profits for shareholders. Some of the funds raised by the bank may be held in liquid forms such as cash, or deposits with the central bank that can be converted back into cash rapidly if the need arises. Holdings of cash, and deposits that are highly liquid and secure, are known as reserves. The bank may also act as an investor, by purchasing bonds or other securities issued by private-sector companies or the government. A government bond is a security issued and sold by the government as a means to raise finance. In return for purchasing the bond, the investor receives a regular stream of interest or 'coupon' payments from the government, followed by redemption of the nominal value of the bond on the date of maturity. Unlike bonds sold by other issuers, such as private-sector companies, government bonds are usually believed to carry little or no risk of default, because the government, via the central bank, can always create the money it needs (see Chapter 4) in order to meet its commitments to its own bondholders.

Finally, some of the funds raised by the bank, often the largest proportion, may be used to grant loans to individuals or businesses, generating a future stream of interest payments from borrowers to the bank.

The difference between a bank's total assets, and its liabilities in the form of funds raised from depositors and investors, is the bank's capital, also known as equity or net worth. For a bank to remain solvent, the value of its assets must always exceed the value of its liabilities. Capital acts as a buffer against unanticipated losses. Capital or equity, which constitutes the shareholders' ownership stake in the bank, is also a source of funding for the bank, and therefore appears on the liabilities side of the balance sheet. Capital may derive from the original shareholders' financial investment in setting up the bank, or from past profits that have been retained, rather than paid out to shareholders as dividends.

Like any company, the stock market's valuation of a bank's capital or equity, given by the share price multiplied by the number of shares outstanding, might be above or below the value reported on the balance sheet, depending upon whether stock market investors and traders believe the balance sheet overstates or understates the bank's true worth.

Table 1 shows a summary aggregation of the balance sheets reported by all UK monetary financial institutions (MFIs), except the Bank of England, in December 2015. MFIs are institutions licensed to accept deposits, including branches of banks domiciled elsewhere in the European Economic Area, but not including credit unions, friendly societies, and insurance companies.

Banks earn profits by charging borrowers higher rates of interest than they pay depositors and other suppliers of funds, and by charging fees for a range of other financial services. A company's income statement reports the main components of income generated and costs incurred by the company over a specific period, and the profit (or loss) accruing to the company's shareholders. Table 2 shows a summary aggregate income statement for all UK MFIs in 2014. Numbers shown in parentheses in Table 2, and in other figures and tables throughout this book, represent negative values. Profitability measures include return on assets (ROA), defined as profit (or loss) expressed as a percentage of total assets; and return on equity (ROE), defined as profit (or loss) expressed as a percentage of capital or equity. Another profitability measure sometimes quoted is the net interest margin (NIM), defined as the difference between the average interest rate charged by the bank on its loans to borrowers, and the average interest rate paid by the bank to its depositors and other lenders.

Banking services

So far, banks have been characterized as financial intermediaries that specialize in accepting deposits from savers and granting loans to borrowers. Banks also provide a range of other financial services to their customers.

Retail banking covers the provision of banking services to individual consumers, households, and small firms, either on the high street or via phone or online. Banks that provide retail banking services accept deposits from households that are paid into current accounts or savings accounts. Current accounts, also sometimes known as cheque accounts, demand deposits or sight deposits, typically pay little or no interest, but allow the depositor to demand immediate withdrawal of funds. The bank incurs high costs in processing large volumes of small transactions, and in providing infrastructure such as high-street branches and automated teller machines (ATMs). In many countries banks impose a range of charges for routine current account transactions such as payment by cheque, or withdrawals from ATMs. In some countries there are no current account charges, provided the account remains in credit. Savings accounts, also known as time deposits, pay interest but may require a specified notice period before funds can be withdrawn.

On the lending side, lending to households may be either secured or unsecured. Mortgages are the principal category of secured loans to households, used to finance the purchase of property. The property acts as collateral, meaning that the bank has the right to take possession, should the borrower fail to make the scheduled payments and thereby default on the loan. Interest payments on mortgages may be either fixed for a certain period after the loan is taken out and variable thereafter, or variable throughout the entire term. A householder whose property exceeds in value the amount of any outstanding mortgage may opt to extract equity, by taking out a new mortgage secured against the excess value of the property, and using the proceeds to finance additional consumer spending or pay down other debt. Unsecured loans are used to finance the purchase of items such as cars or home improvements.

Table 1 UK monetary financial institutions, aggregate balance sheet in £bn (summary), December 2015

Assets			Liabilities		
Cash and balances at central banks		318	Deposits:		
			UK MFIs	*474*	
Loans and advances:			Other UK residents	*2,195*	
UK MFIs	*466*		Non-residents	*1,998*	4,667
Other UK residents	*2,069*				
Non-residents	*1,898*	4,433	Sale and repurchase agreements (repos):		
			UK MFIs	*133*	
Sale and repurchase agreements (repos):			Other UK residents	*181*	
UK MFIs	*110*		Non-residents	*519*	833
Other UK residents	*229*				
Non-residents	*566*	905	Certificates of deposit and commercial paper		195

Bills including treasury bills		54	Bonds:		
			Maturity > 5 years	*198*	
Investments:			Maturity ≤ 5 years	*254*	452
UK government bonds	*137*				
UK MFIs	*67*		Other liabilities		118
Other UK residents	*223*				
Non-residents	*521*	948	**Total liabilities**		**6,265**
Other assets		205	**Capital/equity**		**598**
Total assets		**6,863**	**Total liabilities and capital**		**6,863**

Source: Bankstats (Monetary and Financial Statistics), Bank of England

Table 2 UK monetary financial institutions, aggregate income statement in £m (summary), 2014

Net interest income	59,167	
Dividends received	12,924	
Net fee and commission income	20,140	
Trading income	5,129	
Other income	26,205	
Total income		**123,565**
Staff costs	(32,507)	
Other operating expenses	(56,472)	
Total operating expenses		**(88,979)**
Profit before provisions		**34,586**
Net new provision charges	(1,085)	
Other items	(9,326)	
Profit before tax		**24,175**
Tax	(5,403)	
Dividends paid	(6,151)	
Other items	(513)	
Retained profit		**12,108**

Source: Bankstats (Monetary and Financial Statistics), Bank of England

There is no collateral for the bank to seize if the borrower defaults. Interest may be either fixed or variable.

Lending to small businesses typically takes the form of overdrafts or term loans. An overdraft is an arrangement allowing the business to withdraw funds exceeding the current balance on the account up to a specified limit. The bank charges interest on the amount overdrawn, and may also charge an arrangement fee.

A term loan is a business loan with a specified maturity (at least one year, and typically several years) and a schedule of interest and capital repayments.

Retail banking also covers the provision of several other financial services. These include: safe-keeping services, the provision of secure means for storing wealth; and accounting services, the creation and maintenance of records of each customer's financial transactions. Other retail banking services include stockbroking, insurance, foreign exchange transactions, pensions, leasing, and hire purchase.

Wholesale banking covers the provision of financial services to large firms or corporations, including both non-financial and financial firms (other banks, and non-bank financial institutions). Wholesale banking subdivides into corporate banking and investment banking.

Corporate banking covers the provision of core banking services to large firms or corporations. Core banking services include accepting deposits and granting loans, as well as a range of specialized banking services for corporations. There are a number of methods banks can use to lend to large firms or corporations. A bank may extend a line of credit, allowing the corporation to borrow and repay flexibly, subject to a maximum amount that may be borrowed within any given period. A revolving credit facility provides similar borrowing flexibility, but usually on a larger scale. When a corporation wishes to borrow a larger sum than its bank is willing or able to lend, the bank may organize a syndicated loan, by making arrangements for several other banks or other lenders to contribute to the loan jointly. Syndicated lending is typically long term. Finally, banks may provide long-term finance for large investment projects undertaken by corporations, by lending or purchasing bonds issued by special purpose vehicles (SPVs) set up by the corporation running the project. The corporation holds an ownership (equity) stake in the SPV. In addition to corporate lending, banks also provide other specialized financial services for their corporate clients. These include issuing guarantees, interest rate and foreign exchange rate risk management, and financing overseas trade.

Investment banking covers the provision of specialized banking and financial services, primarily to corporate customers, but also to wealthy private individuals and to governments. Investment banking also includes a number of trading activities on financial markets. Advisory services include the provision of advice and assistance in arranging mergers and acquisitions, and various other consultancy services. Investment banking also covers the provision of assistance to privately owned companies with stock market flotation, or governments with the privatization of state-owned companies. Underwriting of new issues of securities (corporate bonds, equities, or government bonds) usually involves a syndicate of investment banks each taking responsibility for selling an allocation of the new issue, and retaining its allocation if it fails to find a buyer. Investment banks are also involved in the provision of asset and wealth management services, and trading in securities, commodities, and derivatives (see Chapter 3), either on the bank's own behalf (known as proprietary trading) or on behalf of corporate or private customers.

Types of bank

A commercial bank is defined as one whose main business is financial intermediation: accepting deposits and granting loans. Customers of commercial banks include individuals, small businesses, and larger firms or corporations. Accordingly, commercial banks supply both retail banking and corporate banking services. Most commercial banks are owned by shareholders, and seek to earn a profit in order to provide shareholders with a return on their investment in the bank's capital (equity).

An investment bank specializes in providing investment banking services. Typically, an investment bank comprises an advisory division, specializing in underwriting, stock market flotations, and other consultancy services; and a trading division, specializing in trading on financial markets, and asset management. Most investment banks are also shareholder-owned and therefore profit-motivated.

In practice, the distinction between commercial banks and investment banks is not as clear as these definitions might suggest. In the US, the Glass–Steagall Act (1933) separated commercial banking from investment banking, by preventing affiliations between commercial and investment banks that would have allowed the latter to trade in funds raised from deposits taken by the former. This legal separation was eventually terminated by the Gramm–Leach–Bliley Act (1999). Subsequently, commercial banks have become involved in securities trading, and some investment banks have accepted deposits and granted loans. Several mergers between US commercial banks and investment banks have led to the creation of universal banks, providing the full range of commercial and investment banking services.

In many countries, retail banking services are supplied not only by commercial banks, but also by a range of mutually-owned, rather than shareholder-owned, institutions. The nature of the mutuals varies between the countries in which they operate: prominent examples include the few surviving UK building societies that avoided demutualization through acquisition or conversion to shareholder-owned banks; and the US S&Ls (thrifts). A defining characteristic of mutuals is that each institution is owned by its own members, who are also the depositors and borrowers. Mutuals earn surpluses, rather than profits, which are either distributed to the members or retained to finance expansion. In principle, since there is no shareholder profit, mutuals should be able to offer more competitive interest rates to depositors and borrowers than shareholder-owned commercial banks.

In 2016 the four largest US banks by total assets (the value of all outstanding loans, together with other investments including shares, bonds, property, and cash shown on their balance sheets) were JPMorgan Chase ($2,424bn total assets in 2016), Bank of America ($2,186bn), Wells Fargo ($1,849bn), and Citigroup ($1,801bn). These can all be described as universal banks. The next two, Goldman Sachs ($878bn) and Morgan Stanley ($807bn), are investment banks that hurriedly converted to deposit-taking status at the height of the financial crisis in 2008, in order to qualify for public bailout funds (see Chapter 7).

The UK banking industry is dominated by five large independent banks, HSBC ($2,596bn total assets in 2016), Barclays ($1,795bn), Royal Bank of Scotland (RBS) ($1,269bn), Lloyds ($1,185bn), and Standard Chartered ($640bn). The first four from this list, together with the wholly-owned UK subsidiary of the Spanish banking group Banco Santander, dominate UK retail banking. The fifth independent bank, Standard Chartered, operates mainly overseas in Asia and the Middle East, Africa, and Latin America.

The universal banking model characterizes the largest shareholder-owned banks in several other European countries where, historically, there was no regulatory divide between commercial and investment banking. In 2016 the six largest Eurozone banks were BNP Paribas (France, $2,404bn total assets in 2016), Deutsche Bank (Germany, $1,973bn), Crédit Agricole (France, $1,858bn), Société Générale (France, $1,550bn), Banco Santander (Spain, $1,501bn), and Groupe BPCE (France, $1,357bn).

In 2016 HSBC, JPMorgan Chase, BNP Paribas, Bank of America, and Deutsche Bank were ranked sixth to tenth, respectively, in the list of the world's largest banks by asset size. Four of the top five banks were Chinese: Industrial and Commercial Bank of China (ICBC) ($3,545bn total assets in 2016), China Construction Bank ($2,966bn), Agricultural Bank of China ($2,853bn), and Bank of

China ($2,640bn). The list of the world's five largest banks is completed by the Japanese bank Mitsubishi UFJ Financial Group ($2,655bn).

The shadow banking system

In addition to financial services providers that are licensed and regulated as banks, many other companies or other institutions are involved in financial intermediation activities, which take place outside the traditional banking system. In some cases, banks themselves have set up subsidiaries, known as Special Purpose Vehicles (SPVs) or Structured Investment Vehicles (SIVs), to transact business that would be regulated more intrusively if the activity was channelled through the parent bank, rather than the subsidiary. The term 'shadow banking' was coined by Paul McCulley of the asset management company PIMCO in 2007 to describe 'the whole alphabet soup of levered up non-bank investment conduits, vehicles, and structures'. The shadow banking sector includes the following types of institution.

A hedge fund pools the funds of its investors to purchase securities. Hedge funds may be structured as partnerships or limited liability companies. A hedge fund is administered by a professional management team, which may adopt a specific investment style or specialize in particular securities. Investors are charged a management fee. Unlike mutual funds, hedge funds can borrow and use leverage (see Chapter 2) to achieve a preferred combination of expected return and risk for investors.

An exchange-traded fund (ETF) purchases assets such as shares, bonds, or commodities on behalf of its investors. Most ETFs track a particular market index, guaranteeing to match the index's performance, and are traded in the relevant market. Since the investment strategy is passive, management fees are minimal.

A Special Purpose Vehicle (SPV) is a subsidiary of a financial institution, with its own legal status that protects it from insolvency in the event that the parent institution becomes insolvent. An SPV is usually set up to deal in specific assets or liabilities, and may be used by the parent to remove these items from its own balance sheet, perhaps evading the need to hold capital as a buffer to absorb possible losses on the assets concerned. Such items are said to be held off-balance sheet. A Structured Investment Vehicle (SIV) is a type of SPV, which deals in structured securities (see Chapter 3).

A private equity company hires investment professionals to make investments in the equity of other companies, with the aim of delivering a high return to the company's own shareholders.

An asset management company offers services in managing the investments, including bonds, shares, and property, of wealthy individuals. A wealth management company performs similar functions, but with stronger emphasis on investment and tax advisory services and financial planning.

A money market fund (MMF) is a mutual fund that invests in short-term securities such as Treasury Bills (short-term government bonds) and commercial paper (short-term bonds or promissory notes issued by large corporations). A money market fund aims to provide investors with a higher yield than a bank deposit, but at very low risk. In the US an MMF seeks to maintain a stable net asset value (NAV) of $1 per share, by returning any earnings beyond what is required to maintain a stable NAV to investors, in the form of dividends.

In the US a broker-dealer is a brokerage that trades in securities on behalf of clients and on its own account. Broker-dealers range in size from small independents to large subsidiaries of commercial or investment banks.

In the US a real-estate investment trust (REIT) is a company that owns and manages commercial property such as offices, warehouses, shopping malls, hotels, apartment blocks, or hospitals. REITs provide investors with opportunities to invest in property, on a similar basis to mutual funds.

Shadow banking institutions are not licensed as banks, and are not subject to the same supervisory and regulatory arrangements. However, licensed banks and shadow banking institutions are closely connected in many ways, apart from ownership relationships in the case of SPVs. For example, banks and shadow banking institutions both trade in markets for short-term funding (see Chapter 3). The failure of a large shadow banking institution could have serious consequences for the stability of interconnected banks. This explains the nervousness of the regulatory authorities about the growth of shadow banking in recent decades. In the US shadow banking assets are estimated to exceed those of traditional banks. Globally the shadow banking system (defined as non-bank financial intermediation) held assets of around $75 trillion in 2013, or approximately half of the assets of all banks.

The payments system

The payments system is the banking infrastructure for the processing and settlement of financial transactions between people and organizations. For many decades, the cheque ('check' in the US) was the most important component of the payments system. A cheque is an instruction from a customer to his bank to transfer funds from the customer's account to the account of the payee named on the cheque. Cheques allow transactions to take place without transferring large amounts of currency. If the two accounts are held with the same bank, the bank settles the transaction itself. If the two accounts are held with different banks, the transaction is processed through a central clearing system. Standing orders and direct debits are used to facilitate recurring payments. With a standing order the customer instructs the bank to pay a specified amount into another account on specified dates. With a direct debit, the payee can vary the amounts and dates of the recurring payments.

In the UK the clearing banks, full members of the Cheque and Credit Clearing Company, are responsible for processing cheques drawn on or credited to their customers' accounts. In addition to the Bank of England, the UK clearing banks are Bank of Scotland, Barclays, Clydesdale, Cooperative, HSBC, Lloyds, NatWest, Nationwide Building Society, Royal Bank of Scotland (RBS), and Santander UK. Non-clearing banks typically enter into commercially negotiated agency agreements with one of the clearing banks in order to provide chequing services to their account holders. In the UK Bacs Payment Schemes Limited (formerly Bankers Automated Clearing Systems) operates the clearing and settlement of automated payments, such as direct debit, direct from one bank account to another.

With the growth of computer technology and the expansion of the internet, the payments system has been extended to include ATMs (automated teller machines), debit and credit cards, electronic transfer of funds, and electronic payments systems such as PayPal and Bitcoin. ATMs allow bank customers to withdraw cash from their accounts without visiting a bank branch. The first ATM was introduced by Barclays in London in 1967. Debit cards, normally enabled for use with ATMs, also allow retailers to accept payments direct from the customer's bank account. In the UK the retailer processes the transaction through an EFTPOS (electronic funds transfer at the point of sale) terminal. Credit cards allow customers to pay for goods and services using funds that are effectively loaned by the credit card company. The customer receives a monthly statement, and may choose to pay off the full balance, or pay a portion and incur interest on the balance. Smart cards allow customers to load funds onto a plastic card, which can be debited directly by a retailer. Telephone banking and internet banking provide facilities for customers to transact with their banks without visiting a bank branch. Average costs per transaction for the bank are typically a small proportion of the cost of transactions through branches. Recently, mobile payments technologies have been introduced to allow customers to pay for goods and services through their smartphones or tablets.

Chapter 2
Financial intermediation

The term financial intermediation refers to the traditional banking business model, under which a bank accepts deposits from savers and lends funds to borrowers. The accumulation of bank deposits and the growth of bank lending are inextricably linked. Whenever a bank grants a loan, it credits the borrower's account with a deposit equivalent to the amount lent and borrowed. The borrower then spends the funds, which reappear elsewhere in the banking system as a deposit made by the provider of the goods or services the loan was used to pay for. Likewise, whenever a bank receives a deposit, it has the option of using the funds to support additional lending to those of its customers who are seeking to borrow.

Maturity transformation, size transformation, and diversification

In its role as financial intermediary, the bank performs the functions of maturity transformation, size transformation, and diversification. Maturity transformation refers to the preference of savers to be able to withdraw their money at any time, while borrowers retain the right not to repay until the loan matures. Liquidity refers to the ease or speed at which an asset can be converted to cash. Bank deposits are liquid: making a deposit entails only a short-term commitment on the part of the depositor.

By contrast, when a bank grants a loan, for example a mortgage to finance a house purchase, or a business loan to finance investment in new capital equipment, the bank's commitment is long-term and illiquid.

Size transformation refers to the bank's task of simultaneously managing a large portfolio of bank deposits that are small in average value, and a smaller portfolio of loans that are typically much larger in average value. Diversification refers to the benefits depositors gain by pooling risk, when their funds support loans granted to a range of borrowers. From past experience the bank knows that a certain proportion of its loans will default and never be repaid. The interest rates charged to borrowers include a margin sufficient to cover the average losses incurred by the bank through defaults. In this way, provided the actual rate of default turns out to be in line with the bank's expectations, the depositors' funds are secure. Each depositor would not achieve the same security if he lent directly to an individual borrower, because the risk would be concentrated entirely on one party, rather than spread over many borrowers.

Although financial intermediation services are widely seen as crucial for an efficiently functioning financial system, in recent years the traditional banking business model has been challenged by the growth of alternative models for saving and borrowing, such as peer-to-peer lending (P2PL). A for-profit intermediary company offering P2PL sets up an online platform, which brings together individual lenders and borrowers. Lenders may compete to offer each borrower the cheapest rate, or the intermediary may set the rate based on an assessment of the borrower's creditworthiness. Most loans are unsecured, and lenders typically offset risk by diversifying (lending to different borrowers). The intermediary earns a profit by charging fees to lenders and borrowers. Volumes of P2PL business are small relative to traditional financial intermediation, and the scale of the threat to traditional banking remains an open question.

Adverse selection, moral hazard, and financial transactions

Traders in any market need information for the market to work effectively. For example, both buyers and sellers need to know about the characteristics of the product or service being traded, in order to strike a fair price. Asymmetric information, when one party to a transaction has more information than the other party, hinders the smooth functioning of markets. Markets for financial intermediation services are particularly susceptible to problems of asymmetric information, in the form of adverse selection and moral hazard.

Adverse selection occurs when a service is chosen predominantly by a group of buyers who offer a poor return to the company selling the service. In financial intermediation the problem arises because the borrowers have better information about themselves than the lender, and the lender encounters difficulties in distinguishing between reliable borrowers and unreliable ones. For example, suppose a bank is considering one-year loan applications from a pool of borrowers, half of whom are reliable, carrying only a 2 per cent risk of default (failing to repay the loan) at the end of one year, while the other half are unreliable, carrying a 10 per cent default risk. The bank would like to set the interest rates on the loans in a way that protects itself from potential losses arising from default. If the bank can accurately distinguish between reliable and unreliable borrowers, it can do so easily, by charging the former an interest rate that includes a 2 per cent margin to cover the risk of default, and the latter a 10 per cent margin. If the bank is unable to distinguish, however, it faces a dilemma in deciding what margin to charge:

If the bank charges a 2 per cent margin, it will be under-protected because some of the borrowers actually carry a 10 per cent default risk.

If the bank charges a 6 per cent margin, equivalent to the average default risk, unreliable borrowers feel they are getting a good deal, but reliable borrowers feel they are being overcharged and will look elsewhere for a cheaper loan. The bank fails to strike any contracts with reliable borrowers; and worse, is left with the unreliable borrowers on its books, paying a margin of 6 per cent but carrying a default risk of 10 per cent. The bank can expect to record losses over a large number of similar contracts.

If the bank charges a 10 per cent margin, reliable borrowers look elsewhere as before, but unreliable borrowers remain and pay a fair price. The bank fails to transact with any borrower carrying a lower default risk than the least reliable (hence the term 'adverse' selection).

If all banks face similar difficulties, the reliable borrowers may be unable to find any bank willing to lend at a rate they would accept. In other words, reliable borrowers may be unable to obtain credit, a situation known as credit rationing. For banks, the solution lies in collecting the information needed to distinguish between reliable and unreliable borrowers. A bank might screen its loan applicants to reveal the information it requires. Two models for screening have been proposed; in practice a bank may use a combination of both. With transactional banking the bank relies on standardized information for a large number of borrowers, in the form of responses to questions on a loan application form, or personal credit scores obtained by the bank from a credit-rating company. With relationship banking the bank gathers information on its customers individually, by developing a long-term relationship for the provision of financial services. The bank gets to know its customers by observing patterns of cash flows through their accounts, or by meeting them individually to discuss aspects of financial planning.

The second type of asymmetric information problem, moral hazard, refers to a tendency for one person to behave irresponsibly, in the knowledge that someone else will bear the cost of their risky or negligent behaviour. The opportunity to behave irresponsibly may arise when one party to a financial transaction has more information about his own intentions or actions than the other. For example, after the contract between lender and borrower for a bank loan has been agreed, the borrower might have insufficient incentive to manage his financial affairs prudently if it is the lender, not the borrower, who ultimately bears the cost if the borrower encounters financial difficulties and defaults on the loan.

To address a moral hazard problem, the bank could attempt to monitor the customer's actions. However, it may be difficult for the bank to observe closely how the customer is using the borrowed funds. In the case of secured lending, the borrower is required to pledge collateral, which the borrower forfeits if the loan defaults. Alternatively, the lender could include restrictive covenants in the contract with the borrower: for example, specifying that the loan can only be used for a particular purpose; or requiring a corporate borrower to keep a certain proportion of its assets in a form that can be sold easily.

Most financial transactions are susceptible to problems of asymmetric information in the form of adverse selection and moral hazard. In the case of bank lending, asymmetric information is a key source of credit risk, the risk that the borrower will fail to meet his obligations to make repayments, causing the bank to incur losses.

Leverage, and the magnification of return and risk

Leverage, defined as the amount of debt a company uses to finance its assets, is another fundamental cause of the fragility of banks. A bank adds leverage whenever it borrows in order to finance risky investments, including the granting of loans to borrowers (a form of investment from the bank's perspective). Leverage magnifies shareholder profits if things go according to plan, but leverage can also jeopardize a bank's solvency if things go wrong.

The following example illustrates how leverage works in the case of an individual borrowing from a bank by taking out a mortgage. Suppose an individual has accumulated savings of £100,000, which he intends to use towards the purchase of a house. Option 1 is for the householder to borrow £100,000 from the bank and purchase a house costing £200,000. If the value of the house subsequently increases by 10 per cent to £220,000, the householder's equity increases by 20 per cent from £100,000 to £120,000; if the value of the house drops by 10 per cent to £180,000, the equity shrinks by 20 per cent from £100,000 to £80,000. If the house value were to drop by 20 per cent, the equity would shrink by 40 per cent to £60,000. Under Option 1 the householder has modest leverage, because the initial value of the loan is only 50 per cent of the value of the house. Even modest leverage, however, magnifies the effect of swings in the value of the underlying asset on the value of the householder's equity stake in the house.

Option 2 is for the householder to borrow £500,000 from the bank and purchase a house costing £600,000. If the value of the house subsequently increases by 10 per cent to £660,000, the householder's equity increases by 60 per cent from £100,000 to £160,000; if the value of the house drops by 10 per cent to £540,000, the equity shrinks by 60 per cent from £100,000 to £40,000. Under Option 2 the householder has higher leverage, because the initial value of the loan is 83 per cent of the value of the house. Accordingly the magnification effect is much larger. If the value of the house were to drop by 20 per cent, the equity would be wiped out, because the house value of £480,000 would be less than the loan of £500,000.

The example shows how leverage magnifies risk for an individual taking out a mortgage. However, banks themselves increase leverage whenever they raise funds from depositors or investors, in order to grant loans that may amount in value to a large multiple of shareholder capital or equity. Leverage multiplies the rate of profit earned by shareholders when the bank's loans and investments outperform expectations. However, leverage also increases risk. If the bank's loans or investments underperform, leverage magnifies losses, possibly jeopardizing the bank's solvency.

Credit risk and liquidity risk

By acting as a financial intermediary, a bank takes on several types of risk. The two most fundamental types of risk are credit risk and liquidity risk. Credit risk refers to the risk that a borrower will fail to meet his obligations to make repayments to the bank. When a loan becomes delinquent, meaning there is no prospect of the borrower being able to repay, the bank must reduce the value of the assets shown on its balance sheet. An equivalent reduction must also be shown on the liabilities side of the balance sheet, by reducing the bank's capital. Capital therefore provides a buffer or cushion, enabling the bank to absorb losses on its loans or other investments. If the bank's capital is wiped out altogether by losses on loans or other investments, the bank becomes insolvent.

A useful measure of a bank's loss-absorbing capacity is the capital-to-assets ratio, sometimes known as the capital ratio, defined as the ratio of the bank's capital to its total assets. Leverage, sometimes known alternatively as gearing, is measured by the reciprocal of the capital ratio: total assets divided by capital. A bank with a capital ratio of 10 per cent operates with a leverage of 10 (the bank's total assets are ten times its capital), and could absorb a 10 per cent drop in the value of its assets and still have sufficient assets to cover its liabilities. A bank with a capital ratio of 5 per cent operates with a leverage of 20, and could only absorb a 5 per cent drop in the value of its assets and remain solvent. The higher the leverage, the smaller is the capital buffer and the greater is the risk of insolvency.

The bank's management often faces a conflict between the competing objectives of maximizing the bank's profitability, and minimizing the risk of insolvency. The following example compares the financial structure and performance of two banks, known as Lo-Risk Bank and Hi-Risk Bank. The assumptions are as follows:

> First, both banks charge interest at 4 per cent per year on their loans. This rate is fixed for one year.
>
> Second, both banks currently pay their depositors interest at a rate of 1.5 per cent per year. This rate may vary if market interest rates change. Market rates are expected to remain unchanged.
>
> Third, both banks earn a return of 2 per cent per year on their investments in securities.
>
> Fourth, both banks expect their investments in securities to remain unchanged in value from year to year.
>
> Fifth, both banks pay interest of 2 per cent per year on their debt.
>
> Sixth, and finally, both banks include under their costs an allowance for expected losses from borrower defaults equivalent to 2 per cent of the value of their loans portfolios. During the course of each year, both banks grant new loans equivalent in value to their expected defaults, and both banks therefore expect the total value of their loans portfolios to remain constant from year to year.

For simplicity the value of the banks' physical assets are not included on their balance sheets, and their operating costs are not included on their income statements. Lo-Risk Bank operates with assets of 100, and capital of 8, resulting in a capital ratio of 8 per cent and leverage of 12.5. Hi-Risk Bank operates with assets of 200, capital of 8, a capital ratio of 4 per cent, and leverage of 25.

Figure 2 shows the opening balance sheets, income statements, and closing balance sheets of both banks for one year, during which the outcomes for both banks are precisely in accordance with their expectations. Lo-Risk Bank achieves a profit of 0.4, and a return on assets (ROA) of 0.4 per cent on assets of 100. Hi-Risk Bank achieves a profit of 0.6, and an ROA of 0.3 per cent on assets of 200. Lo-Risk Bank has a return on equity (ROE) of 5 per cent (profit of 0.4 on capital of 8), while Hi-Risk Bank has an ROE of 7.5 per cent (profit of 0.6 on capital of 8). Lo-Risk Bank's capital base of 8 supports total assets of 100, while Hi-Risk Bank maintains the same capital base to support assets of 200. Lo-Risk Bank achieves the higher ROA, but Hi-Risk Bank achieves the higher ROE. ROE is more important for shareholders than ROA. Shareholders are interested in the return on their ownership (equity) stake; and in this respect, the shareholders of Hi-Risk Bank are better rewarded than those of Lo-Risk Bank. The example shows that leverage is beneficial for shareholders when performance is in accordance with expectations. When things go wrong, however, a bank with more leverage is at greater risk of insolvency. Rather than focus solely on ROE, sophisticated investors may consider a risk-adjusted rate of return, taking into account the risks associated with the bank's balance sheet structure and investment strategy.

The implications of credit risk can be explored by running a stress test, summarized in Figure 3. Suppose the actual losses from loan defaults are 10 per cent of the value of the opening loans portfolios of both banks, rather than 2 per cent as the banks originally expected. Lo-Risk Bank, which has budgeted for loan-losses of 1.4 and will grant new loans corresponding to this amount, incurs a loan-loss outcome of 7. This wipes out Lo-Risk Bank's profit of 0.4, creating a loss of 5.2. The drop in the value of Lo-Risk Bank's loans portfolio from 70 to 64.4 (= opening value of 70, *minus* defaults of 7, *plus* new loans of 1.4) is matched on the closing balance sheet by the depletion of Lo-Risk Bank's capital, from 8 to 2.4. Although its capital base is weakened, Lo-Risk Bank is able to withstand the losses, and remains solvent.

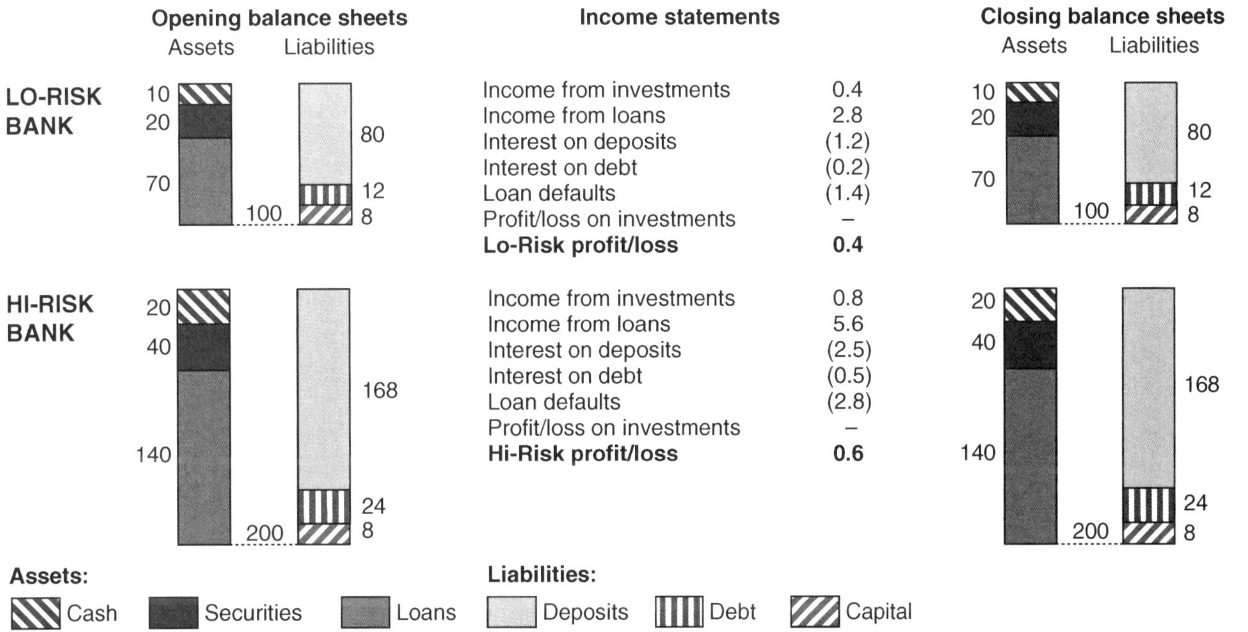

Assumptions: Income from investments = 2%, Interest rate on loans = 4%, Interest rate on deposits = 1.5%, Interest rate on debt = 2%, Loan default rate = 2%, Loss on securities investments = 0%, Lo-Risk Bank and Hi-Risk Bank pay dividends of 0.4 and 0.6, respectively.

2. Balance sheet structures: Lo-Risk Bank and Hi-Risk Bank.

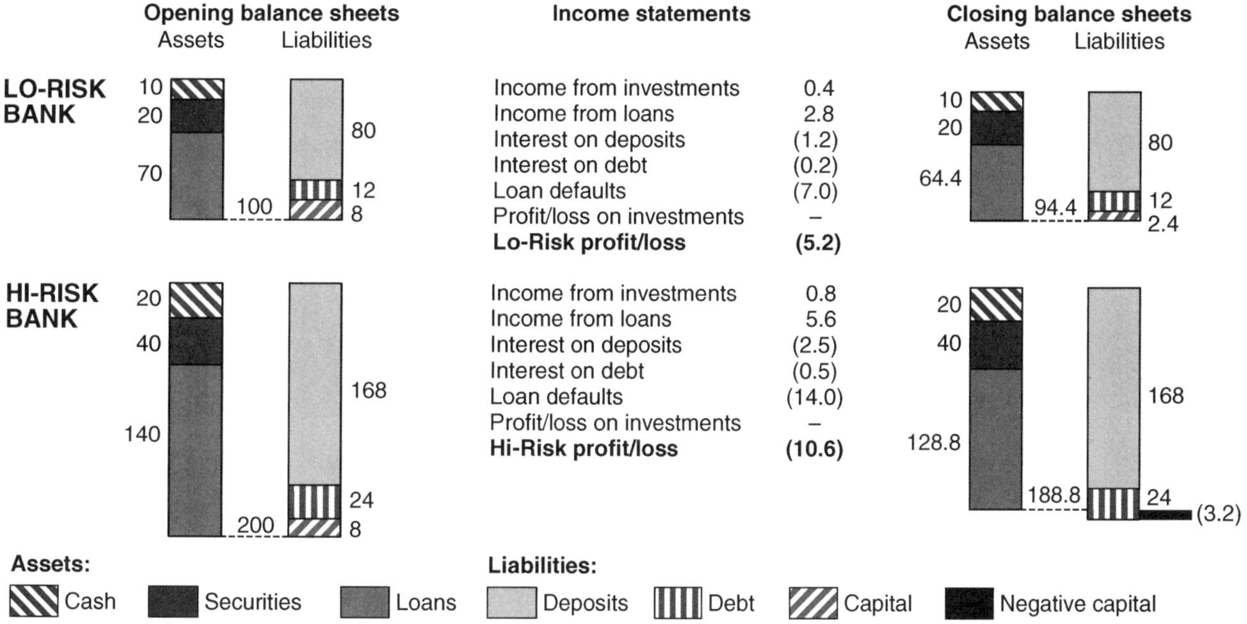

Assumptions: Income from investments = 2%, Interest rate on loans = 4%, Interest rate on deposits = 1.5%, Interest rate on debt = 2%, **Loan default rate = 10%**, Loss on securities investments = 0%, Lo-Risk and Hi-Risk Bank pay dividends of 0.4 and 0.6, respectively.

3. Credit risk: Lo-Risk Bank and Hi-Risk Bank.

For Hi-Risk Bank, the outcome is worse. Hi-Risk Bank, which has budgeted for loan losses of 2.8 and will create new loans corresponding to this amount, incurs a loan-loss outcome of 14. This wipes out Hi-Risk Bank's expected profit of 0.6, creating a loss of −10.6. The drop in the value of Hi-Risk Bank's loans portfolio from 140 to 128.8 (= original value of 140, *minus* defaults of 14, *plus* new loans of 2.8) is sufficient to wipe out Hi-Risk Bank's capital base of 8. Hi-Risk Bank is insolvent, with negative capital (an excess of liabilities over assets) of −3.2. Owing to its higher leverage, Hi-Risk Bank is wiped out by the unexpected losses on its loans portfolio.

Liquidity risk refers to the possibility that a bank might not hold sufficient assets in liquid form, either cash or deposits that can be converted to cash at very short notice, to be able to meet the demands of its depositors for immediate withdrawal of their funds. By itself, liquidity risk may not necessarily threaten the bank's underlying solvency, but a liquidity shortage may nevertheless have devastating consequences. If depositors lose confidence that they can access their funds on demand, panic may set in, and the demand for withdrawals may rapidly increase. It would be tempting to attempt to raise the funds needed to resolve a liquidity crisis by selling other assets, such as securities and loans. However, the enforced 'fire sale' of such assets at short notice might be possible only at heavily discounted prices, causing the liquidity crisis to mutate into a solvency crisis as the losses translate into depletion of the bank's capital. Once depositor confidence is undermined, it may be impossible for the bank's management to regain control without assistance from the central bank. Central bank assistance may involve issuing guarantees of deposits, or providing the funds needed to allow depositors to access their funds on demand.

A bank can reduce its liquidity risk exposure by holding more of its assets in liquid form, such as cash or deposits at the central bank. However, assets held in liquid form typically produce a smaller return than assets held in the form of loans or securities. Increasing the proportion of assets tied up in liquid form may reduce a bank's liquidity risk exposure, but it also reduces the bank's profitability.

Other sources of risk in financial intermediation

Credit risk and liquidity risk are not the only types of risk associated with financial intermediation. Market risk refers to the possibility that a bank's investments in securities might fail to deliver the returns expected, or the securities might fall in value. Figure 4 summarizes a stress test that examines the implications for Lo-Risk Bank and Hi-Risk Bank. Suppose the securities portfolios of both banks experience an unexpected drop in market value of 25 per cent, and are written down to their new market values on the closing balance sheets. In both cases, the drop in the value of assets is matched on the balance sheets by an equivalent depletion of capital. Lo-Risk Bank, which holds a securities portfolio initially valued at 20 and written down to 15, is able to withstand the loss of 5 by writing down its capital from 8 to 3, and remains solvent. Hi-Risk Bank, which holds a securities portfolio initially valued at 40 and written down to 30, is unable to withstand the loss of 10, and its opening capital base of 8 is wiped out. Owing to its higher leverage and as before, Hi-Risk Bank is rendered insolvent.

Interest-rate risk refers to the possibility that market interest rates might increase, obliging a bank to pay higher interest to their depositors, while the interest received from borrowers remains unchanged for loans with interest rates that the bank cannot alter immediately. Figure 5 summarizes a stress test. Suppose there is a sharp and unexpected increase in the market interest rate, requiring both banks to pay interest of 7.5 per cent on their deposits, rather than 1.5 per cent as anticipated. By contrast, the banks are locked in to charging interest of 4 per cent on their existing loans. This loss depletes the cash holdings of both banks. Lo-Risk Bank's unexpected additional interest expense is 4.8, and

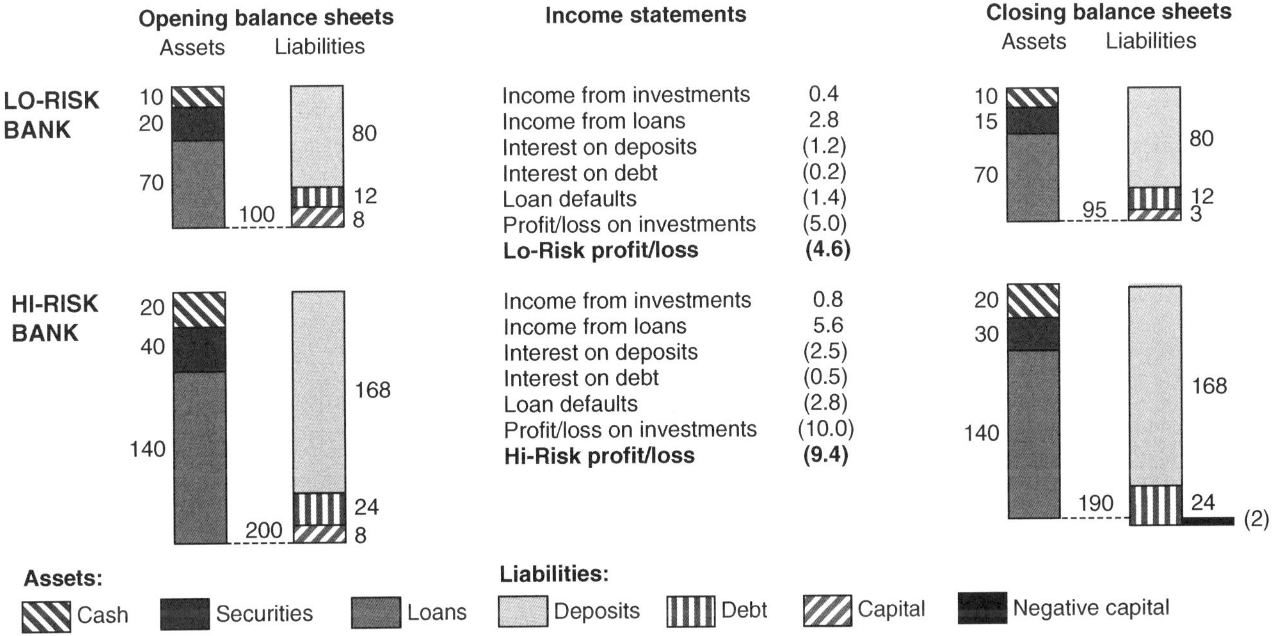

Assumptions: Income from investments = 2%, Interest rate on loans = 4%, Interest rate on deposits = 1.5%, Interest rate on debt = 2%, Loan default rate = 2%, **Loss on securities investments = 25%**, Lo-Risk and Hi-Risk Bank pay dividends of 0.4 and 0.6 respectively.

4. Market risk: Lo-Risk Bank and Hi-Risk Bank.

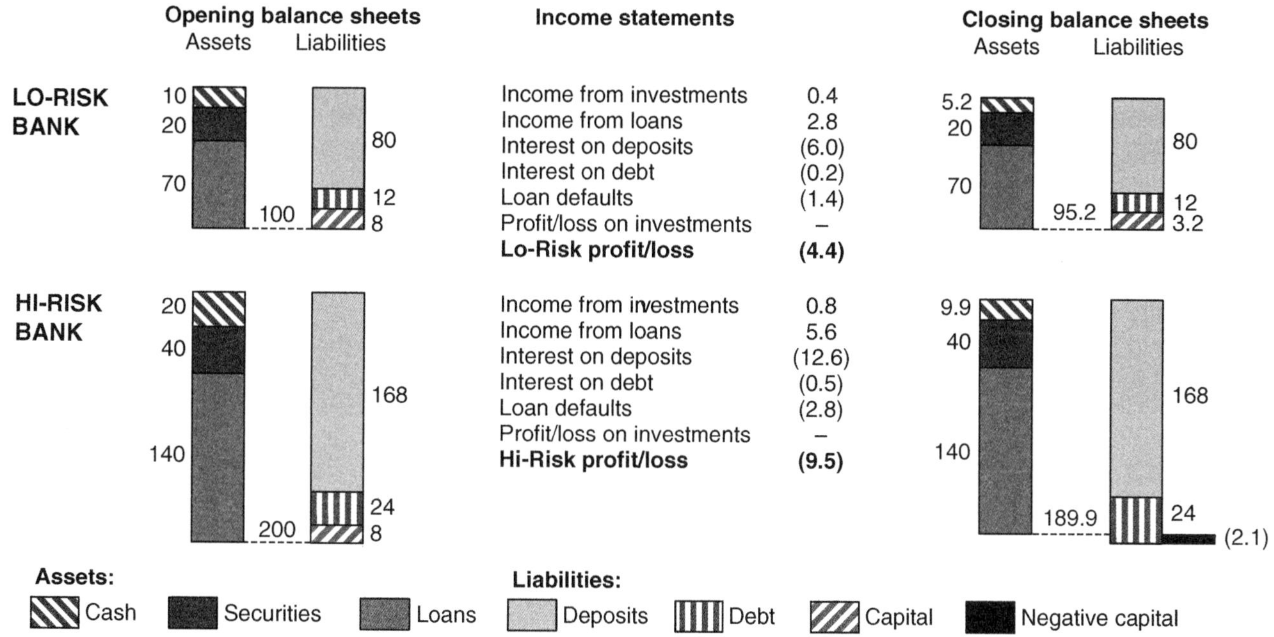

Assumptions: Income from investments = 2%, Interest rate on loans = 4%, **Interest rate on deposits = 7.5%**, Interest rate on debt = 2%, Loan default rate = 2%, Loss on securities investments = 0%, Lo-Risk and Hi-Risk Bank pay dividends of 0.4 and 0.6, respectively.

5. Interest-rate risk: Lo-Risk Bank and Hi-Risk Bank.

its anticipated profit of 0.4 turns into a loss of 4.4, which it is able to withstand by writing down its capital from 8 to 3.2. Hi-Risk Bank's unexpected additional interest expense is 10.1, and its anticipated profit of 0.6 turns into a loss of 9.5. This loss wipes out Hi-Risk Bank's capital of 8, rendering Hi-Risk Bank insolvent once again.

Operational risk refers to the risk of losses associated with the operations of a bank's physical or human resources. Terrorism, or natural disasters such as floods or earthquakes, may threaten buildings or computer systems. Negligence, human error, or fraudulent behaviour on the part of individual employees, may threaten the solvency of banks.

Settlement or payments risk arises from a mismatch between the timing of payments and receipts. Banks often borrow and lend large amounts to and from each other daily in interbank markets. Interbank lending enables banks with temporary surplus liquidity to earn a return, while banks facing a temporary liquidity shortage can acquire the funds they require. Settlement in interbank markets is usually based on net positions, but if a bank incurs demands for payment in advance of its offsetting claims for settlement, it might find itself unable to meet its obligations, and its stability might be threatened. Since the gross trading volumes underlying the banks' net trading positions are very large, the collapse of one bank due to a temporary liquidity shortfall might quickly undermine the stability of other banks.

Currency risk affects banks that hold assets and liabilities denominated in different currencies, and arises when adverse movements in foreign exchange rates cause the balance sheet value of assets to decrease, or the value of liabilities to increase, or both.

Sovereign or political risk refers to risks to the profitability or feasibility of transacting banking business emanating from the decisions of sovereign governments. For example, a sovereign government might nationalize one or more banks, effectively expropriating their assets. A sovereign government might impose controls on interest rates, or on the exchange of foreign currency. A sovereign government might impose punitive taxation on banks or other financial institutions. Any of these measures might have serious effects on profitability, or the ability of banks to trade.

Chapter 3
Securitized banking

The traditional business model of banking is based on the role of the bank as financial intermediary, as described in Chapter 2. During the two or three decades that preceded the global financial crisis of 2007–9, an alternative business model evolved, which operated alongside or even supplanted traditional banking. The term 'securitized banking' has been coined to refer to this alternative business model.

The repo market, and other sources of short-term funding

An important element in the development of the securitized banking model was a growing tendency for banks to rely less heavily on deposits as a source of short-term funding, and more heavily on other sources. One such source, used widely by banks and some shadow banking institutions, is the repo (sale and repurchase) market. The bank (or any other party wishing to use the repo market to raise short-term liquid funding) sells a security (such as a government bond, corporate bond, or company share) to an investor, and agrees to repurchase the same security from the same investor at some later date, often the next day. The repurchase price is slightly higher than the sale price; and the difference is similar to an interest payment on an overnight deposit of funds. Typically the sale price is set below the value of the underlying security, giving the seller (effectively the borrower) an incentive not to default on the commitment to repurchase. If this party does default, the investor has the right to terminate the agreement and either keep or sell the security. The 'haircut' is defined as the percentage that is subtracted from the market value of the asset being used as collateral, dependent on the perceived risk associated with holding the security.

The repo market has grown enormously over the past three decades. The main advantage for the investors providing the funding is that the security serves as collateral for the transaction. The purchaser under a repo agreement (lender) can sell the security if the seller (borrower) defaults on the commitment to repurchase. In the event that the seller files for bankruptcy, without the collateral the purchaser would be just one of many creditors attempting to recover funds via bankruptcy proceedings. In traditional financial intermediation the deposits of small savers are guaranteed by government-backed deposit insurance. The latter, however, does not extend to large investors such as corporations, or shadow banking and other financial institutions. The repo market meets the needs of large investors for a market in short-term secured lending and borrowing.

Other sources of short-term funding include commercial paper (CP), a short-term promissory note issued by a large corporation with a fixed maturity, usually a maximum of nine months. CP is used by reputable corporations with high credit ratings to borrow funds over short periods, to cover items such as stocks or other current assets. CP is not backed by collateral; instead, the purchaser/investor relies upon the issuer's reputation. CP usually carries a higher yield than corporate bonds.

Asset-backed commercial paper (ABCP) is another short-term security, usually with a maturity between three and six months. When a company wishes to raise funds, it may approach a bank to issue ABCP to be purchased by investors. The ABCP, which is often issued through a Special Purpose Vehicle (SPV), may be backed by trade receivables: amounts owing to the company in payment for goods or services supplied to its customers. As the receivables are collected, the company passes the proceeds to the bank or SPV, which in turn makes repayments to the investors.

Derivatives

A derivative is a security whose value depends upon (is 'derived from') the price of one or more underlying financial securities or indices, such as shares, bonds, share indices, interest rates, commodities, or exchange rates. Derivatives can be traded on organized exchanges or over-the-counter (OTC). OTC derivatives are negotiated and traded bilaterally by the two parties to the transaction. The main types of derivative are forwards, futures, swaps, and options. Forwards are OTC agreements between two parties to undertake an exchange at a specified date in the future based on a price that is agreed today. Futures are similar to forwards, but traded on an organized exchange. Swaps commit the parties to a series of exchanges of cash flows at agreed dates in the future. Common examples are interest rate, currency, and commodity swaps. Options provide the right, but not the obligation, for a party to either buy (in the case of a call option) or sell (put option) a financial asset at a given price on, or sometimes before, a given date. Option holders are free to exercise the right to buy or sell, or to allow this contractual right to lapse. A credit derivative is a derivative whose value depends on the credit risk associated with a portfolio of loans.

Banks use derivatives as risk-management tools to hedge their exposures to adverse movements in interest rates or foreign exchange rates. Banks may also speculate, by taking a position in a derivative in the hope of profiting from a change in the price of the underlying asset. The implications of derivatives for risk are similar to those of leverage, offering investors the potential to earn enormous profits, but with a downside risk of huge losses. In 1995, for example, Barings, one of the UK's oldest investment banks, collapsed after one of its traders lost $1.3bn in derivatives trading. The OTC derivatives market is enormous in scale. According to the Bank for International Settlements (BIS), at the end of June 2014 the notional amount of outstanding OTC derivatives contracts was $691 trillion, while the gross market value stood at $17 trillion.

Securitization

Having raised short-term funding through the repo market or by other means, the bank can deploy these funds to support loans to borrowers such as house purchasers. Under a traditional banking model, the bank typically checks the borrower's credit history and ability to repay the loan. Under a securitized banking model, these functions are commonly outsourced to direct lenders such as mortgage brokers, which originate and hold loans only for very short periods, before they are sold on to banks.

The term securitization refers to the practice whereby a bank bundles a large number of loans together, and sells the package to a Structured Investment Vehicle (SIV) set up by the bank to administer the loans. The bank that either originates the loan itself, or purchases the loan from a direct lender, does not retain the loan on its balance sheet until maturity. Instead the bank receives a lump-sum cash payment in exchange for surrendering the stream of income (repayments) the loan is expected to generate. The SIV finances its acquisition of a bundle of loans by issuing structured securities, backed by the anticipated future income streams from the loans. These securities are known as asset-backed securities (ABS) or, where the underlying loans are mortgages on residential property, mortgage-backed securities (MBS). The SIV hires the services of an underwriter, typically an investment bank, to assume responsibility for designing, marketing, and selling the ABS to investors. In exchange for their lump-sum investment in acquiring the ABS, the investors receive regular payments from the income streams emanating from the underlying loans. Although MBS represent the largest single component of the market for ABS, any asset or activity that is expected to generate a future income stream can be securitized in a similar manner. For example, student loans and credit-card fees and interest payments have also been securitized, resulting in the creation of new ABS.

In the case of MBS, especially in the US where many small banks trade solely in their own local areas, geographical diversification was believed to be one of the main advantages of securitization, prior to the global financial crisis. A small bank that had originated mortgages locally and retained these mortgages on its own balance sheet would be vulnerable to a local property market collapse. By bundling the mortgages together with many others secured against properties in different locations, the investors at the end of the securitization chain benefit from a geographical diversification effect, which largely insulates them from the risk of any localized property market collapse. Of course, this geographical diversification benefit would be negated by a nationwide collapse in property prices.

In many ways, the practices employed by SIVs and underwriters to structure MBS (and ABS in general) tended to magnify rather than reduce risk in the financial system. A key risk-enhancing design feature of MBS was the practice of tranching, whereby several categories of securities were created in each securitization issue, with different terms concerning the absorption of losses resulting from defaults on the underlying portfolio of mortgages. In a highly simplified and stylized example, suppose a pool of 2,500 one-year mortgages with an average value of $200,000 and an anticipated annual default rate of 2 per cent, is to be securitized. A typical securitization might create a junior tranche, responsible for absorbing the first 10 per cent of any losses arising from defaults; a mezzanine tranche, responsible for absorbing the next 5 per cent of default losses; and a senior tranche, responsible for absorbing any default losses beyond the first 15 per cent

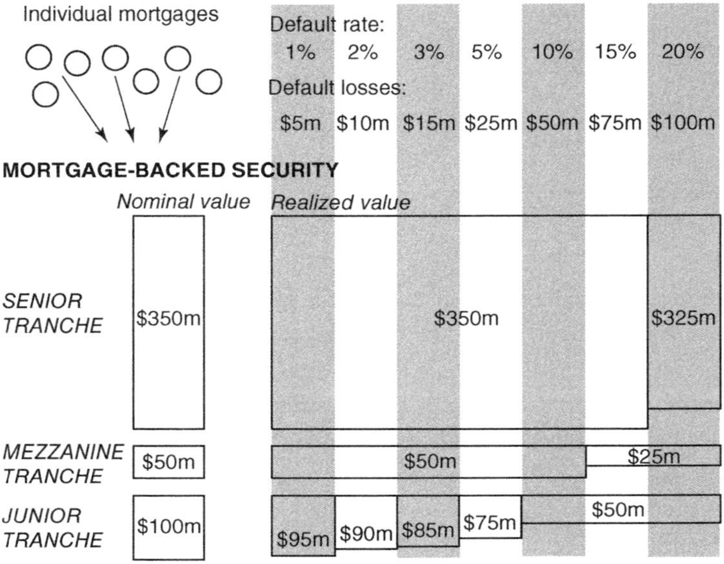

6. Tranching of a mortgage-backed security.

covered by the junior and mezzanine tranches. Figure 6 illustrates the structure of the MBS, and examines the implications of various rates of default loss for the realized values of the junior, mezzanine, and senior tranches.

The nominal value of the junior tranche might be $100m; but because anticipated default losses are equivalent to 2 per cent of the entire portfolio, amounting to $10m, the junior tranche is sold to investors at a discount to the nominal value. The discount required by investors to purchase the junior tranche is at least 10 per cent, reducing the sale price to $90m, factoring in $10m of anticipated losses. In practice the discount might be even larger, depending on the market's assessment of the risk that the default rate will turn out to be higher (perhaps substantially higher) than 2 per cent. The risk borne by the purchasers of the junior tranche is magnified by the structure of the MBS: if the default losses are

1 per cent of the entire pool of mortgages ($5m), the junior tranche is worth $95m, but if the losses are 3 per cent ($15m) the junior tranche is worth only $85m. A swing of 1 per cent in the default rate in either direction causes a swing of 5.5 per cent in the realized value of the junior tranche, relative to its $90m value when the default rate is 2 per cent.

Default losses affect holders of the mezzanine tranche if the default rate on the entire pool of mortgages exceeds 10 per cent. Under normal property market conditions prevalent before the global financial crisis, most market participants would have assigned a negligibly small probability to this outcome. The mezzanine tranche would have been sold to investors at a price very close to its nominal value, and would likely have been assigned the highest possible, risk-free, credit rating. Likewise the senior tranche would have sold at its nominal value and would have been rated risk-free.

The practice of tranching not only magnified risk, but also created complexity and opacity. Did investors in the various tranches of MBS fully understand the structure of their investments and the risks they were running? Risk, complexity, and opacity were further increased, however, by other innovations in the design of structured securities and derivatives prior to the global financial crisis. Extending the previous example, the junior tranches from five separate MBS issues could be bundled together and subject to further tranching, to create a new security called a collateralized debt obligation (CDO), a type of credit derivative. In the example, the CDO would have a nominal value of $500m, broken down into five equal-sized tranches each with nominal value $100m. Expected default losses, if the default rate on the five underlying bundles of mortgages is 2 per cent, are $50m (5 × $10m). The lowest tranche of the CDO might be made responsible for absorbing the first 4 per cent ($100m) of default losses arising from defaults across all five bundles of mortgages. The next tranche might be made responsible for absorbing the next 4 per cent of default losses, and so on. As before, most of the default risk appears to be contained within the lowest tranche. Provided the default rate on the underlying pool is not more than 4 per cent (twice the expected rate), default losses are borne solely by holders of the lowest tranche. The lowest tranche sells at a large discount to its nominal value and attracts a low credit rating; but the remaining four tranches sell close to their nominal values and attract high credit ratings.

Whereas formerly all five junior tranches of MBS, with combined nominal value $500m, were all regarded as high risk, four of the five tranches of the CDO, with nominal value $400m, are now regarded as low risk and trade close to their nominal value. The creation of the CDO appears to have substantially reduced the risk associated with 80 per cent of the MBS. During the global financial crisis, however, mortgage loan defaults occurred on a scale that caused substantial losses among CDO tranches that had originally been rated as very low risk (see Chapter 6).

Figure 7 shows a schematic representation of the securitized banking business model. The upper part of the figure is similar to the traditional banking business model, in which the bank acts as an intermediary between depositors and borrowers. The lower part of the figure shows the main elements of the securitized banking model, with pools of mortgages passed from the bank to its SIV and packaged into an MBS, which are either sold direct to investors, or repackaged into a CDO prior to sale to investors. The bank may also raise short-term finance through repo markets or selling an ABCP.

Another type of credit derivative, the credit default swap (CDS), was a financial innovation of the years preceding the global financial crisis, whose uses or misuses were later heavily implicated among the causes of the crisis. A CDS is an insurance contract which insures the buyer against losses arising from default on the part of the issuer of a security. The security could be a government bond, a corporate bond, an ABS, or a CDO. The

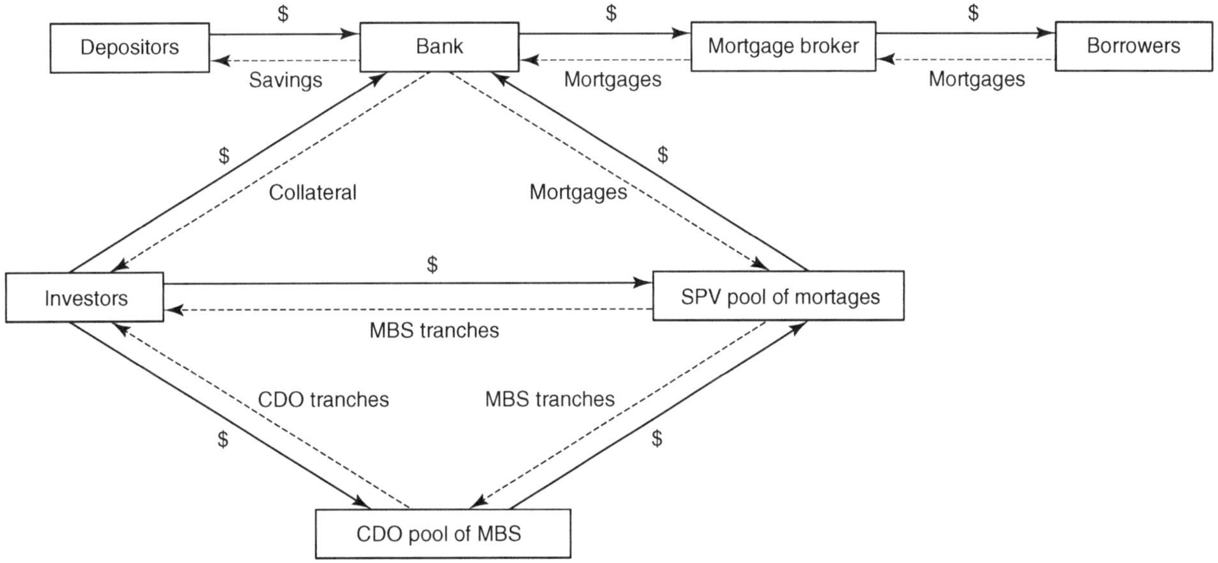

Note: Thick arrows denote cash flows. Dotted arrows denote transfer of corresponding assets/liabilities.

7. The securitized banking business model.

buyer of the CDS (the insured) pays a regular premium, known as the CDS spread, to the seller of the CDS (the insurer) until the maturity of the underlying security or until the security defaults. In the event that the security defaults, the seller of the CDS pays the buyer an amount that covers the loss caused by the default.

Originally created to enable bondholders to hedge against possible losses from bond defaults, in other words to mitigate risk, CDS markets grew explosively during the 2000s. For 2015, the Bank for International Settlements (BIS) reports an aggregate gross market value of all CDS contracts of $453bn. Much of the early growth in CDS markets was fuelled by investors taking a speculative position on the prospect of a corporate default, often without any 'insurable interest' in the form of holdings of the company's bonds. Both the buyer and the seller of the CDS contract, known as the CDS counterparties, are exposed to risk in the sense that the outcome of the CDS transaction is uncertain at the outset: there is a high probability that there is no default and the buyer pays a small sum to the seller; and a low probability that there is a default and the seller pays a large sum to the buyer. At the height of the global financial crisis, the systemic risk (the risk to the stability of the entire financial system) posed by CDS was ruthlessly exposed: what happens if the seller (insurer) becomes insolvent and cannot pay out if the underlying security defaults? The default of one CDS counterparty through insolvency could render many others insolvent, owing to their dependence on receiving payouts from the initial defaulter.

The shadow banking system and securitized banking

The shadow banking system plays a major role in the securitized banking model, alongside investment banks and some commercial banks. In the securitized banking model the traditional intermediation function is broken down into a series of stages, facilitating the transformation of illiquid long-term loans into short-term securities. Shadow banking activity draws upon collateralized funding such as repo, as well as non-collateralized short-term commercial paper (CP), and asset-backed commercial paper (ABCP).

The activities of shadow banking entities can enhance liquidity and spread risk. For example, securitization enables illiquid assets such as mortgages to be traded in liquid markets for MBS. However, many shadow banking institutions are highly leveraged and opaque, and escape regulatory and supervisory scrutiny because they are not licensed as banks. Deposits with shadow banking institutions are not covered by government deposit insurance, or central bank lender-of-last-resort support. Efforts to strengthen the regulation of traditional banking might prove counterproductive if they encourage the migration of risky activities to the unregulated shadow banking sector. Shadow banking poses risks for financial stability, in view of the interconnectedness of traditional banks and shadow banking institutions. Banks are often major investors in securities created by shadow banking institutions, and banks often provide credit guarantees to shadow banking institutions. Therefore any instability in the shadow banking system is likely to impact directly upon the stability of traditional banks.

Chapter 4
The central bank and the conduct of monetary policy

In most countries, the central bank is the bank that manages the country's money supply and interest rates. Most central banks hold a monopoly over printing the national currency, and most have supervisory or regulatory responsibilities for overseeing the banking industry. One exception is the European Central Bank (ECB), which delegates responsibility for the supervision and regulation of smaller banks within the Eurozone to national level. The central bank typically performs a dual role, operating as the government's banker, and as banker to the rest of the banking system.

The role of the central bank

In its capacity as the government's banker, the central bank manages the government's finances, and takes responsibility for money and credit creation and the implementation of monetary policy. Monetary policy involves influencing the supply and demand for money and credit, and the level of interest rates. The central bank exerts influence in several ways: by trading securities, such as government or corporate bonds; by trading foreign currencies in foreign exchange markets; and by direct lending to commercial banks. If the central bank feels the economy is growing too fast, and inflation is at risk of increasing, the conventional policy response is to raise interest rates, so as to dampen the demand for borrowing by firms and consumers, reducing expenditure on goods and services throughout the economy. Conversely, if the economy is growing too slowly, and inflation is low or perhaps even at risk of turning negative (deflation), interest rates may be lowered to stimulate demand for borrowing and boost expenditure on goods and services.

The government might assign to the central bank responsibilities for some or all of the following policy objectives: maintaining low and stable inflation, maintaining high and stable economic growth, and maintaining high employment, interest rate stability, exchange rate stability, and financial market stability. While politicians may dictate and be held accountable for the policy objectives assigned to the central bank, in recent decades the principle of operational independence, meaning no political interference in operational matters, has gained acceptance as a constitutional feature of many central banks around the world. The principle of independence means the central bank should exercise control over its own funding, and should take decisions that cannot be overridden or reversed by politicians. Commonly, monetary policy decisions are taken by committees, whose membership may include senior central bank executives, and independent external members such as banking industry executives or academics specializing in monetary economics or macroeconomics. In many central banks committee decisions are taken transparently, with minutes of committee meetings or voting patterns (numbers of committee members voting for and against a motion to raise or lower interest rates, for example) published.

In its role as banker to the rest of the banking system, the central bank provides banking services to other banks. All commercial banks are required by law to maintain deposits, known as reserves, at the central bank. Commercial banks can obtain the funds needed to service their day-to-day operations either routinely, by borrowing from the central bank in the course of normal trading, or in the case of a bank encountering financial difficulties, through emergency borrowing from the central bank in its capacity as lender of last resort. The central bank also manages the interbank payments network; and performs a supervisory role by overseeing the activities of individual banks, in pursuit of the objective of financial stability.

Central banks in the UK, EU, and US

The Bank of England, the central bank of the United Kingdom, was shareholder-owned until the Bank was nationalized in 1946. In 1997 an incoming Labour government announced that the Bank of England would be granted operational independence in determining monetary policy; independence was implemented in 1998. The Bank's Monetary Policy Committee (MPC) is responsible for the management of monetary policy. The MPC comprises the governor, two deputy governors, two of the Bank's executive directors, and four other members appointed by the Chancellor of the Exchequer. The MPC is responsible for setting the Bank of England base rate, the interest rate at which the Bank lends short-term funds to commercial banks, on a monthly basis. In setting the base rate, the MPC is required to pursue an inflation target determined by the government, originally 2½ per cent on a retail price index inflation measure, but adjusted to 2 per cent on an alternative consumer price index measure in 2003.

The European Central Bank (ECB) was set up in 1998 to act as the central bank to the Eurozone, which (currently) comprises eighteen of the twenty-eight European Union (EU) member states. The central banks of the twenty-eight member states are the owners of the ECB's capital. The ECB's Executive Board, comprising the President, Vice President, and four other members appointed by the heads of government of EU member states, is responsible for the implementation of monetary policy. The Governing Council, comprising the six members of the Executive Board and the governors of the eighteen Eurozone member countries' central banks, is the main decision-making body. The ECB pursues a single objective of price stability, defined as inflation within the Eurozone close to, but below, 2 per cent on a harmonized consumer price index measure. In contrast to many other central banks, the ECB is prohibited from directly purchasing bonds issued by Eurozone member governments as a means of exerting downward pressure on interest rates, a practice known as monetary financing. In recent years, however, the ECB has traded heavily in secondary markets for Eurozone government debt.

In the US the Federal Reserve System was created in 1913, and comprises twelve regional Federal Reserve Banks, of which the largest and most important is the Federal Reserve Bank of New York. The Federal Reserve Banks are federally chartered non-profit banks, owned privately by the commercial banks in their regions that are members of the Federal Reserve System. All federally-chartered banks and some state-chartered banks are members. The Federal Reserve System is overseen by the Federal Reserve Board of Governors, tasked (by Congress) with the promotion of high employment, stable prices, and moderate long-term interest rates. The Federal Open Market Committee (FOMC) is responsible for the conduct of monetary and interest rate policy.

The central bank's balance sheet

A central bank's main instruments for influencing the volumes of money and credit in circulation throughout the economy operate by expanding or contracting the size of its own balance sheet. Table 3 shows the main entries on the assets and liabilities sides of the central bank's balance sheet.

The liabilities recorded in the central bank's balance sheet are the sources of the funds used by the central bank to finance its trading activities, and the central bank's capital (net worth). Currency issued or deposits created by the central bank, and held outside

Table 3 Elements of a central bank's balance sheet

Assets	**Liabilities**
Securities	Currency held by non-bank public
Foreign exchange reserves	Government deposits
Loans	Reserves: commercial bank deposits, and currency held by commercial banks
	Total liabilities
	Capital/net worth (= Total assets *minus* Total liabilities)
Total assets	**Total liabilities and capital**

the banking system, are a source of funding, and are therefore treated as a liability.

Government deposits at the central bank arise from the government's need to operate an account which receives government revenues, primarily from taxation, and from which payments are made for government purchases.

Reserves comprise deposits made by commercial banks at the central bank, and currency held by commercial banks in their own vaults. Commercial bank deposits at the central bank can be withdrawn on demand, and these deposits, together with the cash held by the commercial banks in their own vaults, define the total funds available to the commercial banks to satisfy their depositors' demands for withdrawals. In order to maintain depositor confidence in the banking system, some countries' central banks stipulate a minimum reserve requirement, whereby each commercial bank must maintain reserves equivalent to a specified percentage of its deposits. In countries without any statutory minimum reserve requirement, commercial banks still maintain reserves to demonstrate they have sufficient liquidity to meet their day-to-day demand for withdrawals by depositors.

On the liabilities side of the central bank's balance sheet, the sum of currency held by the non-bank public and commercial banks' reserves (including their own currency holdings) is known as the monetary base.

On the assets side of the central bank's balance sheet, operating along similar lines to any other bank, the central bank employs the funds it raises from its depositors and from other sources to grant loans, and purchase other assets.

Securities are the largest item on the assets side of most central banks' balance sheets. Before the global financial crisis, the majority of the securities held by central banks were government bonds, issued by the home-country government. During the crisis, many central banks attempted to restore confidence in financial markets through large-scale purchases of other, riskier securities, such as corporate bonds and MBS (mortgage-backed securities).

Foreign exchange reserves are the central bank's holdings of foreign currencies, including bonds issued by other governments and denominated in foreign currency units. A country's exports and its inflows of capital investment create a demand at the central bank for conversion of foreign currency units into domestic currency, causing the central bank's foreign currency reserves to accumulate. Conversely, imports and outflows of capital investment create a demand for conversion of domestic currency units into foreign currency, depleting foreign currency reserves. Central banks may intervene directly in the foreign exchange markets in an effort to influence or stabilize foreign exchange rates, the market prices at which currency pairs can be converted.

Traditionally commercial banks were the main recipients of central bank loans. During the global financial crisis, however, some central banks loaned funds, on a large scale, direct to non-financial companies, in an attempt to compensate for the efforts of many banks to reduce their loans portfolios by cutting back on new lending. Discount loans are granted routinely to commercial banks that need short-term funding. Typically the borrowing bank must demonstrate, by posting collateral, that it qualifies for a central bank loan at the standard rate of interest, known as the discount rate. Distressed banks that fail to qualify to borrow at the discount rate, and are unable to raise funds elsewhere, may apply for an emergency central bank loan at a higher interest rate. In acting in its lender-of-last-resort capacity, the central bank needs to ascertain that the distressed bank is fundamentally secure, and that the loan will assist the bank in progressing on a pathway towards recovery.

The International Monetary Fund

The International Monetary Fund (IMF), headquartered in New York, was originally formed in 1945 to promote the international coordination and oversight of monetary policy, provide loans to countries experiencing balance of payments deficits that would threaten to wipe out their foreign exchange reserves, and reconstruct the international payments system following the Great Depression of the 1930s and the Second World War. Currently 188 member countries contribute funds on a quota system to a pool, from which loans can be drawn by member countries experiencing balance of payments difficulties, via their central banks. The rationale for an emergency borrowing facility for countries is that in its absence, countries facing depletion of their foreign exchange reserves might need to adopt extreme and highly disruptive deflationary measures to curb a balance of payments deficit, and avoid defaulting on their commitments to international creditors. Alternatively, deficit countries might simply choose to default. The availability of an emergency borrowing facility helps promote international financial stability. Borrowing from the IMF is usually made conditional on the adoption of policy measures aimed at correcting any underlying macroeconomic imbalances deemed to have contributed to or caused the balance of payments deficit. The IMF has at times been criticized for imposing harsh conditionality on access to emergency funding.

The conduct of monetary policy

A central bank's responsibility for the implementation of monetary policy derives from the fact that, uniquely among all banks, as well as other financial institutions and non-financial companies, the central bank exercises direct control over the size and composition of its own balance sheet.

Open market operations (OMO) involve the central bank in buying or selling securities in the open market. The securities traded in an OMO transaction are usually government bonds, or other types of fixed-interest security. Typically the central bank engages in OMO by trading securities with commercial banks. Suppose the central bank purchases securities worth £100 in the open market, and the seller is Bank A. Ownership of the securities is transferred from Bank A to the central bank; and Bank A's account at the central bank, containing Bank A's reserves, is credited with £100 in payment for the securities. The adjustments to the balance sheets of Bank A and the central bank are summarized in Table 4.

Table 4 Open market operations, and commercial bank and central bank balance sheets

Bank A		**Central bank**	
Assets	**Liabilities**	**Assets**	**Liabilities**
Securities −100		Securities +100	Reserves +100
Reserves +100			

As a result of this OMO transaction, Bank A undergoes a change in the composition of its balance sheet on the assets side: its securities portfolio is depleted by £100, but this is compensated by an increase in its reserves (deposits with the central bank) of £100. The central bank, meanwhile, undergoes an expansion of its balance sheet: on the assets side, its securities portfolio is increased by £100; and on the liabilities side reserves (deposits obtained from commercial banks) increase by £100.

Foreign exchange intervention, which involves the central bank in buying or selling foreign currency on the foreign exchange (FX) markets, also affects the central bank's balance sheet. The central bank might trade either in currency (banknotes), or in bonds issued by foreign governments and denominated in foreign currency units. Suppose the central bank purchases currency worth £100 from Bank A. The currency is transferred from Bank A to the central bank; and Bank A's account at the central bank is credited with £100 in payment for the currency. As in the OMO example, the central bank undergoes an expansion of its balance sheet: on the assets side, its foreign exchange reserves are increased by £100; and on the liabilities side reserves (deposits obtained from commercial banks) are increased by £100.

Lending to commercial banks has a similar effect on the central bank's balance sheet. Suppose the central bank lends £100 to Bank A, which wishes to borrow. This transaction is implemented by crediting Bank A's account at the central bank with £100. The central bank undergoes an expansion of its balance sheet: the loan to Bank A is an asset valued at £100; but on the liabilities side reserves (deposits obtained from commercial banks) also increase by £100.

In practice, foreign exchange intervention and direct lending to commercial banks are used less commonly than OMO in the day-to-day operation of monetary policy. In many countries foreign exchange intervention is targeted primarily at management of the exchange rate. Direct lending by the central bank to commercial banks, known as discount lending, is usually small except in times of crisis, when banks may have no option other than to borrow from the central bank.

The deposit expansion multiplier

How does a change in the size of the central bank's balance sheet translate into a change in the money supply, the total quantity of money in circulation throughout the economy? Money supply definitions vary between countries, but generally speaking official monetary aggregates can be classified as either narrow or broad. The narrow money supply, also known as the monetary base, comprises cash held by the non-bank public and commercial banks' reserves (cash in the banks' vaults, and their deposits with the central bank). Broad money supply measures include a wider range of liquid financial securities and bank deposits.

How does an increase in the size of the liabilities on the central bank's balance sheet, or the narrow money supply, affect the broad money supply? A mechanical answer to this question refers to the 'deposit expansion multiplier'. Few economists would adhere to the deposit expansion multiplier as a literal description of how monetary policy operates; but the following example nevertheless illustrates how the banking system contributes to the creation of money.

Suppose all commercial banks aim to maintain reserves (deposits with the central bank or cash in vaults) equivalent to 10 per cent of their total deposits. Figure 8 shows that when the central bank buys securities from Bank A via OMO, Bank A's reserves at the central bank increase, even though there is no change in Bank A's deposits. Bank A is suddenly holding reserves above the targeted 10 per cent of its deposits. Bank A may react to the increase in its reserves by granting new loans, because it earns a higher rate of interest on its lending than the rate paid by the central bank on reserves. Bank A grants a loan of £100 to one of its customers, by crediting the customer's account. Bank A's reserves at the central

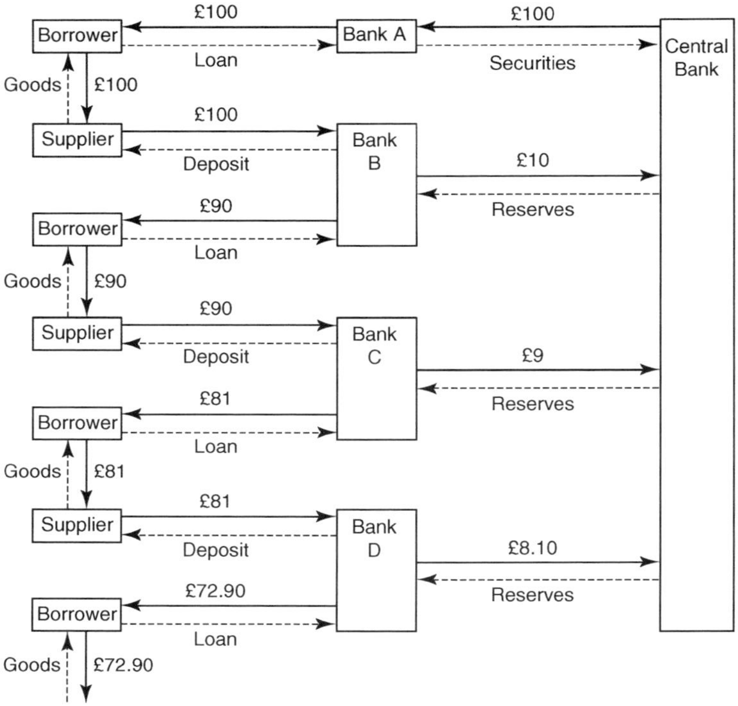

Note: Thick arrows denote cash flows. Dotted arrows denote transfer of corresponding assets/liabilities.

8. The deposit expansion multiplier.

bank are reduced by the same amount. The customer then spends the £100 loan, either by writing a cheque or transferring electronically into the account of a supplier of goods or services.

Suppose the supplier's bank account is with Bank B. Bank B finds its deposits have increased by £100, and must decide how to deploy this additional funding. Bank B needs to increase its reserves at the central bank by £10 in line with the £100 increase in its deposits to maintain the 10 per cent target. The remaining £90 is available to Bank B to grant a further loan. The borrower spends the £90 loan, which is transferred into the account of another supplier of goods or services.

Suppose this supplier's bank account is with Bank C. Bank C finds its deposits have increased by £90, and must decide how to deploy this additional funding. Bank C needs to increase its reserves at the central bank by £9 to maintain the 10 per cent target. The remaining £81 is available to Bank C to grant a further loan. The process of deposit expansion continues indefinitely, but with successively smaller and smaller loans being granted on each round, as shown in Figure 8.

All of the new bank deposits created through this process contribute to the broad money supply. The overall increase in the broad money supply is as follows:

£100 + £90 + £81 + £72.90 + £65.61 + £59.05. . . = £1000

The deposit expansion multiplier in this example is 10: an initial £100 expansion of the narrow money supply effected via OMO leads to a £1000 expansion of the broad money supply. In reality the impact on the broad money supply may be less predictable than this example suggests. Two other factors may enter the picture, in a way that reduces the deposit expansion multiplier, as follows.

First, in the example, it is assumed that each bank prefers lending to holding reserves above the 10 per cent target at the central bank, because it earns more interest on its lending than it earns on its reserves. However, lending is risky, and at times banks may opt for safety by increasing their reserves rather than lending the maximum amounts their balance sheets could support. As the deposit expansion process gets underway, if some of the additional deposits are channelled into accumulating reserves, the deposit expansion multiplier is reduced.

Second, if the bank customers who are the borrowers of the additional loans granted, or the suppliers of the goods and services purchased using borrowed money, decide to hold part of the additional monies they receive in the form of cash, rather than bank deposits, the process of deposit expansion is impeded. In the example, it is assumed that each additional loan ends up as a deposit with another bank, and is used subsequently to support further lending. If part of the additional lending is held by the general public in cash, the deposit expansion multiplier is reduced.

Interest rate targeting

In principle, the central bank's use of OMO, foreign exchange intervention, and direct lending to commercial banks, might allow direct control over narrow money, and indirect control over broad money via the deposit expansion multiplier. In practice, however, the deposit expansion multiplier has turned out to be too unstable for these types of operation to serve as the basis for the conduct of monetary policy. Some central banks, including the Bank of England and the central banks of Sweden, Australia, and New Zealand, do not stipulate any minimum reserve requirement; instead they rely on other tools, such as capital requirements, to constrain bank lending. Even those central banks that do stipulate reserve requirements, such as the Federal Reserve and the ECB, do not view the adjustment of these requirements as a practical tool for the implementation of monetary policy. Instead, most central banks set a target for the market interest rate on overnight interbank lending, and seek to manipulate the total quantity of reserves, primarily through OMO, so that the actual interbank lending rate, determined in the market in which banks lend and borrow funds to and from each other, corresponds closely to the target rate. The discount rate is a higher rate for central bank lending to banks that cannot meet their funding requirements on the interbank market. The deposit rate is a lower rate payable on reserves. The discount rate and the deposit rate place a ceiling and a floor, respectively, on the market interbank rate.

Figure 9 provides a diagrammatic representation of demand and supply in the market for interbank lending. The downward-sloping line is the demand for borrowed funds shown as a function of the interest rate: the lower the interest rate, the higher is the demand to borrow funds. The central bank decides its target for the interbank lending rate, estimates the level of demand at this target rate, and then supplies this quantity of reserves through its OMO. This makes the supply of reserves vertical at the estimated level of demand. The supply becomes horizontal at the discount rate, because the central bank is willing to meet requests from any eligible bank to borrow funds at this rate; and the demand is horizontal at the deposit rate because banks would be willing to borrow any amount if they are guaranteed that the same rate can be earned on reserves deposited with the central bank.

As a guide for interest rate targeting, the Taylor Rule, attributed to John Taylor of Stanford University following research published in 1993, was highly influential, especially before the global financial crisis. The Taylor Rule states that when inflation is above its target, or when actual output is above potential output causing inflationary pressures to build, the target interbank lending rate

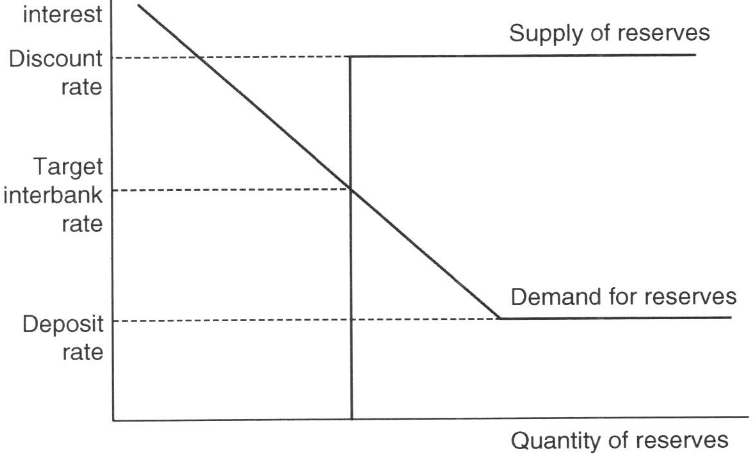

9. Demand and supply for interbank lending.

should be raised above the level consistent with the inflation target and full employment. Conversely when inflation is below its target, or when actual output is below potential output resulting in high unemployment, the target interbank lending rate should be lowered below the level consistent with the inflation target and full employment. Although the US Federal Reserve never adopted the Taylor Rule explicitly, several empirical studies have shown that the formula provides an accurate description of the conduct of US monetary policy for much of the 1990s and early 2000s. In many other countries as well, interest rate targeting became the favoured approach for steering monetary policy. Targeting the money supply, practised widely during the 1980s, was ultimately discredited due to the lack of any clear relationship between targeted monetary aggregates and goals such as low and stable inflation. Direct targeting of inflation, practised widely during the 1990s, was disadvantaged by uncertain time-lags, and a tendency for a sole emphasis on stable inflation to heighten instability in output and unemployment.

Quantitative easing and forward guidance

The upheavals of 2007–9 demonstrated starkly that circumstances can arise under which conventional tools for the implementation of monetary policy are incapable of providing the kind of stimulus required to avert the most damaging economic consequences of a financial crisis. One difficulty with interest rate targeting arises if the target rate of interest falls below zero. Banks may not choose to lend to other banks for negative interest; instead, they may prefer to hoard cash and earn a zero return. Therefore the Taylor Rule fails to provide useful guidance for monetary policy in cases where a target interest rate of zero yields insufficient economic stimulus.

Another difficulty arises when financial markets become impaired owing to a general loss of confidence. For example, at the height of the global financial crisis following the collapse of the Lehman Brothers investment bank in September 2008, volumes of lending on interbank markets plummeted, as banks lost confidence in each others' ability to repay monies borrowed. Commercial banks seeking to restore their capital-to-assets ratios after writing off delinquent loans or writing down the value of other assets cut back aggressively on their lending to small businesses and other borrowers. These developments had major consequences for the effectiveness of monetary policy conducted using mechanisms such as interest rate targeting.

Perhaps the best-known 'unconventional' monetary policy tool, used extensively since the crisis, is quantitative easing (QE). This refers to a central bank policy of purchasing securities from banks and other financial institutions, and supplying reserves beyond the quantity required to reduce the target policy interest rate to zero. A policy of QE is illustrated in Figure 10. The securities purchased may include government bonds, or other riskier securities such as bonds issued by private companies, or mortgage-backed securities (MBS).

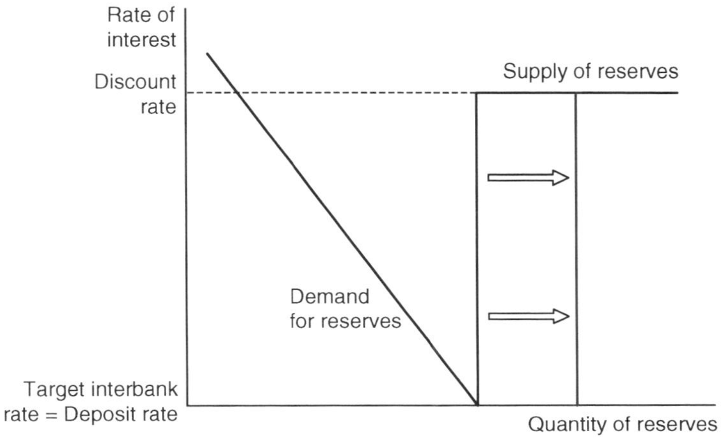

10. Effect of quantitative easing on the market for interbank lending.

There are several channels through which a QE programme might influence the level of economic activity. First, the additional reserves supplied to the banking system could provide the foundation for increased bank lending to the private sector, through the deposit expansion multiplier. Second, banks that sell long-term securities to the central bank may be keen to use the proceeds to lend long-term, in order to maintain a desired ratio between short-term and long-term assets on their balance sheets. Third, QE could influence economic activity through its effect on the demand for long-term borrowing. By increasing the demand for long-dated securities, the prices of these securities are increased, placing downward pressure on long-term interest rates. This may make firms more willing to borrow, increasing the level of economic activity. Finally, the large-scale purchase of securities by the central bank may help restore confidence to impaired financial markets.

Closely related to QE but conceptually distinct is the policy of credit easing, which involves buying longer-term or high-risk securities through OMO, and selling shorter-term or low-risk securities. Whereas QE focuses on the expansion of the total quantity of reserves on the liabilities side of the central bank's balance sheet, credit easing focuses on changing the composition of the portfolio of securities recorded on the assets side of the balance sheet, without affecting the reserves that can be used by the commercial banks to support lending. Unlike QE, therefore, credit easing cannot be construed as tantamount to a central bank policy of 'printing money'. Instead, the purchase of long-dated government or corporate bonds should increase the demand for these securities, raising their prices, lowering long-term interest rates, and adjusting the relative quantities of credit available for short-term and long-term bank lending in favour of the latter.

Another 'unconventional' monetary policy tool is forward guidance, whereby the central bank makes a verbal commitment as to how it will conduct monetary or interest rate policy in the future. Such a commitment could be made for a specific period, or it could be open-ended. A commitment could be unconditional, or conditional on economic conditions. For example, a central bank could commit not to raise short-term interest rates while the unemployment rate remains above 7 per cent, or while the rate of inflation remains below 3 per cent. The central bank's aim in issuing forward guidance is to gain influence over long-term interest rates via its control over short-term rates. Suppose the central bank wishes to lower the interest rate to 1 per cent on borrowing with a maturity of three years. It can do so by pledging to maintain the (overnight) interbank lending rate at 1 per cent for at least three years. The rate for borrowing with a three-year maturity should reflect the market's expectations of the average value of the interbank rate over a three-year period. If the central bank's commitment is believed, the three-year rate should adjust to the target value of 1 per cent.

Chapter 5
Regulation and supervision of the banking industry

As financial intermediaries, commercial banks use liquid liabilities (bank deposits) to finance illiquid assets (bank loans). Banks hold only a small proportion of their assets in the form of reserves, and cannot cope if all depositors demand the return of their funds simultaneously. Together with leverage, this makes banks inherently fragile, and creates the potential for one distressed bank to cause a loss of confidence in others. Regulation and supervision of the banking industry aims to protect individual banks, and the financial system as a whole, from the possibility of collapse.

Causes of bank runs

For the most part, banks have become expert in managing their assets and liabilities so that they can meet their day-to-day commitments to their depositors and other customers. However, if a bank fails to perform to the satisfaction of its depositors, their demands to withdraw their deposits may escalate. Few depositors have the knowledge or technical capability to form a reliable judgement of the quality of a bank's assets portfolio. Especially during times when confidence in the stability of the financial system is fragile, depositors who cannot assess the risks each bank is running in its lending practices may assume the worst and seek to withdraw their deposits. In an extreme case the bank could experience a run, as customers lose confidence in the soundness of the bank, and queues build outside high-street branches.

If customers who have withdrawn funds from a failing bank simply deposit these funds in other healthy banks, the failure of one bank might pose little or no danger for the stability of the financial system. However, a loss of depositor confidence in one bank can easily undermine confidence in the soundness of other banks, a problem known as contagion. A situation where the failure of one poorly managed bank creates a loss of confidence in other well-managed banks is an example of what economists term a negative externality. A negative externality arises whenever an economic activity imposes an uncompensated cost upon someone who is not a party to the original activity. Banking crises impact on financial stability, and on the wider economy. During a crisis that causes banks to cut back on lending, perhaps in order to reduce leverage, or restore capital to some desired level relative to assets, less credit becomes available to support enterprise and investment throughout the wider economy. Credit rationing, when viable investment projects cannot obtain funding, may have damaging consequences for output, employment, and household incomes.

Bank runs have occurred periodically throughout history. A succession of bank runs between 1930 and 1932 in the US, as the Great Depression took hold, is a prominent example. Even in modern times bank runs can occur, as was demonstrated by the collapse of the UK bank Northern Rock in 2007. Northern Rock had converted from a building society to a bank in 1997, and subsequently became a major mortgage lender. Its reported assets grew from £15.8bn in 1997 to £101bn in 2006. Much of this growth in assets was funded by short-term borrowing, rather than deposits. Many of the loans were securitized and sold to investors via a Special Purpose Vehicle (SPV), releasing capital to support further growth in lending. When the interbank markets seized up in August 2007, Northern Rock was unable to continue rolling over its funding, triggering a run on deposits (Figure 11).

11. The run on Northern Rock.

In today's sophisticated financial system, a loss of confidence in the soundness of a financial institution can arise through channels other than queues of anxious retail customers demanding to close their current or deposit accounts. A 'fire sale' refers to a situation in which a bank has insufficient cash (or other highly liquid assets) to meet the demands of its depositors for withdrawals, and is forced to sell longer-term assets, hurriedly and therefore at discounted prices, in order to raise the cash it requires. Such asset fire sales may jeopardize the solvency of the bank concerned, and other banks that are forced to mark down the valuations of similar assets on their balance sheets. When one bank takes steps to shrink its balance sheet by reducing short-term lending to other banks, these banks may also experience funding difficulties, forcing them in turn to shrink their balance sheets as interbank lending and borrowing dries up. Banks reliant on interbank markets to meet their short-term funding needs suddenly find the liquidity they require is no longer available, creating the conditions for a loss of depositor confidence.

Regulatory authorities

The potential for one poorly managed bank to damage confidence in the entire banking system creates a powerful justification for the supervision and regulation of individual banks, and the banking industry as a whole. A poorly managed hairdresser poses little or no threat to the financial viability of hairdressers in general, or to wider economic performance. Consequently in most countries hairdressers are not subject to any intrusive regulatory regime. By contrast, a poorly managed bank threatens the viability of other banks, the stability of the financial system, and the health of the economy. In most countries, elaborate arrangements have evolved for the close supervision and regulation of banks. Regulation refers to the rules for the conduct of banking business that are enshrined in legislation, or passed down by government agencies tasked with monitoring the financial system. Supervision refers to the oversight and enforcement (via sanctions if necessary) of regulation, by government agencies.

US banks may be chartered by their home state, or at federal level. The Office of the Comptroller of the Currency (OCC) regulates banks with a federal charter. The Board of Governors of the Federal Reserve System regulates state-chartered banks that are members of the Federal Reserve System, while the Federal Deposit Insurance Corporation (FDIC) regulates non-member state-chartered banks. Since the Dodd–Frank Act 2010, Savings and Loan (S&L) associations have been regulated by the OCC, FDIC, and the Federal Reserve. All banks are federally insured, and subject to rules laid down by the FDIC. Before the global financial crisis there were three advisory committees for the regulation of individual financial services providers in the EU, but no regulatory body responsible for ensuring the stability of the financial system. In February 2009 the de Larosière Report recommended that the supervisory architecture be replaced with a European System of Financial Supervision (ESFS).

Until 2012 the Financial Services Authority (FSA) was responsible for the regulation and supervision of banks and other financial institutions in the UK. In 2012 responsibilities were transferred to the Bank of England. Within the Bank of England, the Prudential Regulation Authority (PRA) is responsible for the regulation and supervision of banks, insurance, and large investment firms. The Financial Conduct Authority (FCA) sits outside the Bank of England, and takes responsibility for competition, prevention of market abuses, and consumer protection. The FCA is responsible for the regulation of asset managers, hedge funds, independent financial advisers, and smaller-sized broker-dealers. The Financial Policy Committee (FPC) of the Bank of England is responsible for monitoring, and intervening if necessary, to ensure financial stability.

Banking licenses

Under most jurisdictions the holding of a banking license is a legal prerequisite for the conduct of fundamental banking activities, such as accepting deposits from the general public. In the UK, for example, the PRA and the FCA are jointly responsible for the scrutiny of license applications. According to FCA guidelines, applicants are required to answer the following questions: Who is the applicant and what kind of entity will it be? Who are the owners and/or major capital investors and what is their country of origin? How advanced or developed is the applicant's proposition? Is the applicant part of a larger group? What is the proposed structure of the board and senior management? Applicants must also provide: a summary of the business plan including financial projections; details of the products/services, target markets, delivery channels, pricing policy, and the corresponding regulated activities that will be applied for; the applicant's funding model; market research into competitive advantage and the viability of the business; the expected scale of operations with anticipated staffing levels; and details of key outsourcing arrangements.

The government safety net

Direct government involvement in the operation of the banking and financial systems, intended to enhance financial stability, takes several forms. The lender of last resort function refers to a central bank policy of lending short-term funds to banks that are fundamentally solvent, but unable to borrow from other sources the funds required to meet the day-to-day demands of their depositors for withdrawals. Central bank lending to a bank experiencing liquidity problems usually takes place at a penal rate of interest, higher than the discount rate. The global financial crisis exposed a fundamental problem with the lender-of-last-resort concept. Suppose the secondary markets for the purchase and sale of the securities and loans held by banks as assets have ceased to function, owing to a general loss of confidence, so that up-to-date market prices for those assets are unavailable. It may become exceptionally difficult for the central bank to determine whether a bank seeking emergency short-term funding faces a temporary liquidity problem only, or is fundamentally insolvent. At the height of a crisis, and faced with the prospect that banks might collapse if short-term funding is withheld, central banks may err on the side of generosity in valuing assets. Before the crisis breaks, bank executives who anticipate that the lender-of-last-resort facility will be available if required may be inclined to take excessive risks in their lending.

In an effort to prevent bank runs, many countries have introduced deposit insurance schemes, guaranteed by governments and operated by government agencies. Deposit insurance provides a guarantee that bank depositors will always recover their deposits, even if the bank fails. Usually there is a maximum amount per depositor covered by the scheme. In many countries deposit insurance is funded by fees collected from banks, based on either size or risk or a combination of both. Crucially, however, the government guarantee ensures that the deposit insurance fund will always pay out when called upon to do so. If depositors believe they can always recover their funds, there should be no cause for them to trigger a bank run.

In the US deposit insurance for bank accounts is overseen by the FDIC. Before the global financial crisis, the deposit insurance limit was $100,000. This limit was increased to $250,000 at the height of the crisis in 2008. Before the crisis, all EU member states were required to operate a deposit guarantee scheme for at least 90 per cent of the deposited amount to a maximum of at least €20,000 per person. Deposit insurance coverage in all EU member states was increased to €100,000 by the end of 2010. In the UK the Financial Services Compensation Scheme protects bank deposits, along with insurance policies and personal investments. Since 2010 the scheme has the same coverage limits as those of other EU countries.

Like most forms of insurance, deposit insurance is subject to a moral hazard problem, if it encourages bankers or depositors to behave recklessly, or less carefully than they would otherwise. Bankers may be tempted adopt riskier lending practices in pursuit of higher returns, if they believe the risk of a run on the bank is mitigated by deposit insurance. Likewise depositors may be tempted to place their funds with banks that are able to offer higher returns as a result of their risky lending, if they know these deposits are guaranteed.

Another moral hazard dilemma, exposed ruthlessly by the global financial crisis, was a tendency for the scope of government guarantees and bailouts to extend far beyond the commitments entered into under deposit insurance. The too-big-to-fail (TBTF) problem in banking refers to the belief of creditors and executives of very large banks at the core of the financial system that they will always be bailed out by the government if the need arises, because the consequences of the failure of a very large bank for financial stability would be too damaging for the government to accept.

Such expectations of government intervention distort investors' incentives to price adequately the risks of banks they consider TBTF. Accordingly, TBTF banks can access funding at lower rates than their smaller counterparts. This distorts competition, and provides opportunities for large banks to grow even larger. Aware of the existence of a TBTF safety net, the executives of smaller institutions have an incentive to grow to a size consistent with TBTF status. By extending risky loans, or investing in risky assets in search of high returns, banks enjoy handsome profits if these loans and investments succeed, while the government, and ultimately the taxpayer, picks up the tab in the event of failure.

Concerns over TBTF must be set against the efficiency or average cost savings that may accrue to the largest banks. Empirical evidence reported in studies of cost structure in banking suggests that larger banks are able to supply banking services at a lower average cost per account or per customer than small banks. However, the very largest banks may have grown far beyond the maximum size at which average cost savings are achievable. In any event, measurement of the average cost savings achieved by the largest banks may be clouded by TBTF. If investors and depositors are convinced they will never incur losses because they anticipate a publicly funded bailout whenever one is required, TBTF banks will be able to raise funds (from investors and depositors) more cheaply than other banks. Therefore the average cost savings of the largest banks may derive, either wholly or partly, from the implicit public subsidy associated with TBTF status.

Sometimes banks (small or large) do fail, and when this happens the authorities require procedures for achieving an orderly resolution. The government may become closely involved in brokering a deal resulting in the acquisition of the distressed institution, taking partial or complete ownership itself through recapitalization using public funds, or resolution in cases of outright failure. Resolution procedures include interventions that can result in the closure of a distressed bank, or the creation of an asset-management company to administer the failing bank's remaining assets. Normal bankruptcy procedures are rarely used, owing to concerns over the wider financial and economic instability that might follow. Instead, special insolvency regimes have been tailored specifically for banks and financial institutions. These differ from country to country, and many of them have been revised since the global financial crisis.

Capital adequacy regulation

Capital or equity, the difference between total assets and total liabilities, is a key indicator of the solvency of a bank. It provides a buffer against losses arising from loans not being repaid or investments declining in value. If balance-sheet assets have to be written down in value, these losses are absorbed through a reduction in the bank's capital. A bank whose capital has been wiped out completely is no longer solvent. As soon as the bank's creditors (depositors or other parties who have lent funds to the bank, for example by purchasing bonds issued by the bank) realize that the total value of the bank's liabilities exceeds the total value of its assets, they will demand repayment and the bank, unable to meet these demands, will collapse. Regulation imposes minimum capital adequacy requirements on banks to minimize the risk of failure.

As seen in Chapter 2, the amount of capital a bank holds affects the returns accruing to the bank's shareholders, and also the risk associated with their investment. Other things being equal, the more capital a bank holds, the smaller is the return received by shareholders, but the smaller too is the risk that the shareholders will see the value of their capital wiped out by unforeseen losses.

Capital regulation for banks was introduced in 1988 by the Basel Committee on Banking Supervision at the Bank for International Settlements (BIS). Headquartered in Basel, Switzerland, BIS promotes international cooperation in the pursuit of monetary and financial stability, and acts as a banker to central banks. The central banks of sixty mainly large or developed countries are the members and owners of BIS. The Basel I Accord set down agreed capital standards developed by supervisors and central banks. Basel I required internationally active banks to maintain a capital ratio of at least 8 per cent: in other words, to hold capital equivalent to at least 8 per cent of risk-weighted assets. The risk weightings are as follows: 0 per cent (cash, reserves, government securities); 20 per cent (claims on banks in OECD countries); 50 per cent (municipal bonds, residential mortgages), and 100 per cent (loans to consumers and corporations). The capital ratio is (Tier 1 capital + Tier 2 capital)/Risk-weighted assets, where Tier 1 capital is shareholder capital plus retained earnings or disclosed reserves, and Tier 2 capital is undisclosed reserves, general loss reserves, and subordinated debt. Table 5 illustrates the calculation of the capital ratio.

Basel I was simple to understand, transparent, and provided incentives for banks to hold highly liquid, low-risk assets. Almost all countries with developed banking systems transposed Basel I into national law. However, Basel I focused solely on the credit risk associated with lending, and ignored other sources of risk. Subsequently amendments required banks to hold capital against market risk. Banks were encouraged to use internal risk-assessment models to measure their exposure to market risk, dependent on the composition of their assets portfolios.

Basel II, launched in 2006, established a three-pillar framework comprising minimum capital requirements (Pillar 1); supervisory review (Pillar 2); and market discipline (Pillar 3). For Pillar 1, the definition of capital remained unchanged, but the risk-weightings reflected credit, market, and operational risk. The calculations relied heavily on the banks' own internal risk measurement models, and on ratings provided by credit-rating agencies such as Standard & Poor's, Moody's, and Fitch IBCA. Pillar 2 required national supervisors to review the capital adequacy provisions of

Table 5 Calculating risk-based capital under Basel I

Assets	$bn	Liabilities	$bn
Cash	6	Deposits	540
Government bonds	80	Subordinated debt	15
Interbank loans	60	Loan-loss reserves	9
Mortgages	150		
Corporate loans	309	**Total liabilities**	**564**
		Total capital/equity (includes retained earnings)	**41**
Total assets	**605**	**Total liabilities and capital**	**605**

Tier 1 capital = Equity (including retained earnings) = 41
Tier 2 Capital = Loan-loss reserves + Subordinated debt = 9 + 15 = 24
Total Capital = Tier 1 Capital + Tier 2 Capital = 41 + 24 = 65
Total assets = 605
Capital-to-assets ratio = 65/605 = 10.74%
Basel I risk-weighted assets (asset category × risk-weight)
= (6 × 0) + (80 × 0) + (60 × 0.2) + (150 × 0.5) + (309 × 1)
= 12 + 75 + 309 = 396
Basel I capital ratio = 65 /396 = 16.41%

each bank. Supervisors have the discretion to require banks to hold capital above the minimum regulatory requirements. Pillar 3 requires banks to disclose information regarding risk exposures, capital adequacy, and other material details. It was intended that greater reliance should be placed on market discipline as a constraint on risk-taking behaviour. Forward-looking market-based information embodied in banks' share and bond prices and ratings can inform supervision, and provide early warning of the need for supervisory intervention.

Basel II was never fully implemented, owing to the onset of the global financial crisis, which exposed weaknesses in capital regulation. Risk-based capital ratios were supposedly superior measures of capital adequacy; but their usefulness was dependent on the accurate measurement of risk. The financial crisis damaged the credibility of the banks' internal models for risk measurement, damaged the reputations of the credit-rating agencies, and raised doubts about the effectiveness of market discipline as a constraint on risk-taking. Furthermore, Basel II may have amplified the business cycle because it is pro-cyclical. During buoyant economic conditions, risk is perceived to be low and lending tends to increase. Banks extend what ultimately turn out to be poor-quality loans, without accumulating sufficient capital. During a recession, conversely, loan delinquencies deplete capital, while a mood of pessimism suggests capital should be increased. Banks hold insufficient capital to absorb losses, and scramble to improve their capital ratios by reducing lending, leading to credit rationing. Changes to international capital regulation since the global financial crisis are described in Chapter 8.

Other forms of regulation

In many countries consumers have access to a broad range of savings products, and borrow from a choice of lenders. However, there is abundant evidence that many consumers lack the information, skills, and knowledge to make informed choices. Several factors create a need for consumer protection regulation of banking and other financial services. Some financial products are purchased infrequently, and consumers may have limited opportunity to learn from their mistakes. Terms and conditions of financial products can be opaque, requiring specialized knowledge to judge the quality of the product before, during, and after consumption. Many financial products require consumers to commit to long-term contracts with uncertain outcomes that may only become apparent at maturity. A tendency for consumers to make poor financial decisions has been blamed on low financial literacy, including a failure to understand basic concepts such as compound interest. Lack of financial literacy makes consumers vulnerable to scams perpetrated by unscrupulous financial-services providers. In the US the Consumer Financial Protection Bureau (CFPB) was formed under the Dodd–Frank Act in 2010 to oversee consumer protection, and enforce consumer financial regulations. The Directorate General for Health and Consumers is responsible for consumer protection within the EU. In the UK since April 2014, the FCA has been responsible for consumer protection in financial services. The FCA also assumed responsibility for aspects of consumer credit, previously the responsibility for the Office of Fair Trading.

For most industries, competition policy is guided by the principle that competition between suppliers is beneficial for consumers. For banking, however, the comparison between an open market with intense competition, and one that is highly regulated with restrictions imposed upon competition, is by no means clear-cut. One view, known as the competition-fragility view, is that restrictions imposed upon competition between banks enhance financial stability. In the absence of competitive pressure, incumbent banks can earn monopoly profits and accumulate capital in the form of retained profits. This strengthens their capacity to absorb unanticipated losses, and discourages excessive risk-taking that carries the potential to destroy shareholder value. To the contrary, the competition-stability view suggests that restrictions on competition between banks give rise to financial instability. If incumbent banks exercise monopoly power, they tend to set higher interest rates for borrowers. Higher rates encourage borrowers to accept more risk in their investments or other activities in search of returns sufficient to service the original loan, or give borrowers stronger incentives to default. All of this tends to make the financial system less stable.

In the US the Federal Trade Commission (FTC) and the Department of Justice (DOJ) are involved in administering anti-trust (competition) law. The cornerstones of EU competition policy are Articles 101 and 102 of the Treaty of Lisbon of 2009. Article 101 deals with restrictive practices, while Article 102 regulates possible abuses of monopoly power. In accordance with the principle of subsidiarity, the scope of Articles 101 and 102 is confined to firms based in EU member states that trade in other EU states. In the UK, until 2012 competition policy was the responsibility of the Office of Fair Trading (OFT) and the Competition Commission. At the height of the financial crisis large bank mergers, such as HBOS and Lloyds TSB, were waved through, on the grounds that preventing collapse was more important than fostering competition. In March 2012 the UK government announced the creation of a new Competition and Markets Authority (CMA), consolidating the Competition Commission and the OFT into a single entity.

Chapter 6
Origins of the global financial crisis

The global financial crisis of 2007–9 is widely considered to have been the most severe crisis since the Great Depression of the 1930s. In the interim, localized banking or financial crises occurred many different countries. During the two decades prior to the global financial crisis, several of these crises contained warnings of the upheaval that was to come.

The Swedish banking crisis

During the 1980s, the Swedish government pursued a policy of low interest rates. This encouraged excessive borrowing and an increase in residential property prices. When interest rates increased in 1990 borrowers found it increasingly difficult to service debts, loan defaults increased, and property prices fell. Write-offs of delinquent loans eroded the capital of Swedish banks, triggering a banking crisis that began in autumn 1991. The Swedish government nationalized the ailing Nordbanken, and set up a 'bad bank' to administer Nordbanken's non-performing assets. The crisis peaked in September 1992, when Gota Bank became insolvent.

A few weeks later the Swedish government announced a state guarantee of all bank deposits and creditors of 114 Swedish banks. State funds were made available for the recapitalization of ailing banks, but the banks were required to clean up their balance sheets by writing off bad assets before applying for state assistance. The banks' shareholders were required to absorb the losses incurred under their watch, prior to the crisis. This decisive action allowed the government to liquidate delinquent assets and minimize the costs to the taxpayer. The initial cost of the rescue was approximately 4 per cent of Swedish GDP. Subsequent sales of assets acquired by the government through nationalization or recapitalization reduced the estimated cost to between 0 per cent and 2 per cent of GDP. At the height of the global financial crisis of 2007–9, the Swedish government's handling of the 1991–3 banking crisis was cited by some commentators as a role model.

The US Savings and Loan crisis

Until the mid-1980s Savings and Loan (S&L) associations (thrifts) were prominent lenders in the US mortgage market. Constituted similarly to UK building societies, S&Ls accepted deposits and granted mortgages and personal loans to individual members. S&Ls held a high proportion of their assets in mortgage loans. When interest rates increased sharply as a consequence of the recession of the late 1970s and early 1980s, the S&Ls were exposed to large losses, owing to mismatch between their assets and liabilities. Their funding costs, the rates paid to depositors, increased, while the revenues earned from a high proportion of fixed interest rate mortgages on their books remained static. Many S&Ls became technically insolvent, but rather than enforce immediate closure the regulatory authorities exercised forbearance, allowing them to remain in business in the hope that recovery could be achieved. Meanwhile financial deregulation reduced the amount of capital S&Ls were required to hold, and extended the range of loans they could offer. By increasing rates the S&Ls were able to attract new depositors. This funding was used to extend riskier loans in areas such as commercial property. There were many cases of creative accounting to mask losses or insolvency, and some cases of outright fraud.

Between 1986 and 1995 more than 1,000 S&Ls, around one-third of the total, were subject to closure or other forms of resolution. The US government set up the Resolution Trust Corporation in 1989 to resolve the assets of failed S&Ls, and transferred responsibility for deposit insurance from the Federal Savings and Loan Insurance Corporation (FSLIC), which had become insolvent, to the FDIC. The heavy costs prompted Congress to pass the FDIC Improvement Act of 1991 (FDICIA), requiring the FDIC to resolve failed banks in a manner that minimized the cost to taxpayers. Only insured depositors and creditors would be fully protected in the event of failure. However, the legislation allowed for exceptional circumstances in which all depositors and creditors could be protected, if failure to protect would create financial instability.

The Japanese banking crisis

Following a period of financial deregulation, increased competition in the banking and financial sectors, and a property market boom which ended in 1990–1, Japan entered a banking crisis. The collapse in property prices plunged a number of Jusen, privately-owned non-bank financial companies that specialized in mortgage lending, into severe financial difficulties. The balance sheets of Japanese banks were hit by their exposures to the Jusen. The initial response of the Japanese Ministry of Finance has been characterized as one of 'regulatory forbearance': the banks were allowed considerable leeway in determining the extent to which they wrote down bad loans, and were not encouraged to recapitalize by issuing new capital (equity). Following a weak economic recovery during the mid-1990s, Japan experienced a further macroeconomic downturn at the onset of the Asian crisis in 1997, which produced a major, systemic banking and financial crisis. The failure of Sanyo Securities in November 1997 triggered a slowdown in interbank lending and an increase in interbank rates. In quick succession Hokkaido Takushoku Bank, Yamaichi Securities, and Tokuyo City Bank all collapsed. Between 1998 and

2000 several measures were introduced to stabilize the financial system: temporary government control or closure of insolvent institutions; publicly-funded capital injections; strengthening deposit-insurance guarantees; the creation of asset-management companies to acquire delinquent loans; and changes in loan-loss provisioning rules.

The government response to the crisis was criticized as slow and uncoordinated. Two banks that were recapitalized in 1998 failed subsequently, leading to full nationalization. This episode highlighted the need to clean balance sheets by writing off delinquent loans, making existing shareholders bear the losses, before injecting new capital. Public confidence in the banks remained low. The banks found it difficult to recapitalize in the face of low profitability and a general reluctance on the part of investors to inject new capital. The ability of banks to extend finance to the corporate sector was curtailed for an extended period, with small and medium-sized enterprises (SMEs) especially hard-hit. For two 'lost decades', the Japanese economy experienced a protracted deflationary spiral.

The Asian financial crisis

After opening up their goods and services markets to outside competition, several South East Asian economies experienced annual growth rates averaging around 8 per cent over the period 1987–97. Per capita income increased dramatically. Over the same period South East Asian countries collectively doubled their share of world exports to approximately 20 per cent. These countries were also major consumers of foreign goods, making their economies attractive to foreign investors and banks. Bank lending on favourable terms to non-financial companies (especially large industrial conglomerates with relatively poor economic performance) increased dramatically. Inadequate regulation and supervision led to banks becoming over exposed in sectors such as electronics, property, and tourism.

As market conditions deteriorated and bank losses increased the foreign exchange markets witnessed a series of speculative attacks, from July 1997 onwards, on the currencies of Thailand (baht), Philippines (peso), Indonesia (rupiah), Malaysia (ringgit), and South Korea (won). Large declines in currency values created difficulties for companies in these countries that had taken bank loans denominated in foreign currencies. Central banks raised interest rates in an attempt to stem the flight of capital, but often ineffectively. Fearful of the panic spreading beyond South East Asia, the International Monetary Fund (IMF) extended bailout loans to countries, conditional on reforms to their financial systems and economies. Stability in South East Asian financial markets was eventually restored, but only after deep recessions, and political upheaval in Indonesia and Thailand.

The Asian financial crisis is instructive for several reasons: first, as a case study in contagion, with numerous countries having been affected within a very short period; second, for the severity of the recessions in the countries affected, as well as the rapid speed at which they recovered subsequently; and third, for the longer-term policy responses of several affected countries that restructured their economies so as to run large current account surpluses, and accumulate foreign currency reserves capable of withstanding possible future speculative attacks. This latter policy resulted in an ever-increasing supply of funding for the sovereign debt of the US and other western countries during the 2000s, which may have fuelled the stock-market and housing bubbles in western economies that preceded the global financial crisis.

Causes of the 2007–9 global financial crisis

For many years prior to the global financial crisis, the world economy had been subject to large and persistent macroeconomic imbalances. Several countries in South and East Asia, and in the Gulf region, ran large surpluses on the current accounts of their balance of payments, so that the value of their exports exceeded the value of imports. These countries channelled a high proportion of the revenues earned from exports into savings, rather than current consumption. By contrast, western countries including the US (the world's largest economy) and western European nations, ran large current account deficits, so that the value of their imports exceeded the value of exports. Current account deficits were typically financed by borrowing. In other words, western countries spent more than they earned, and borrowed the difference.

Economists disagree over the apportionment of blame for the crisis between global macroeconomic imbalances, and policy mistakes committed by the Federal Reserve and the central banks of other deficit countries. Defenders of the Federal Reserve argue that the cheap and plentiful credit available for borrowing by households, companies, and governments in the deficit countries originated mainly from surplus country savings. Critics argue that excessively lax monetary policy implemented by the Federal Reserve itself was primarily responsible for the explosion of borrowing. The latter was also fuelled by the global trend towards the deregulation of financial markets, which had been underway for two decades or more prior to the crisis. Throughout the early and mid-2000s the deficit countries were able to maintain low interest rates and high borrowing, without stoking inflation. The increasing debt, however, threatened to cause widespread problems of insolvency in the event of an interest rate hike or an interruption to the supply of cheap credit. This threat duly materialized when a large portion of the lending in deficit countries, which had been repackaged into securities held by deficit- and surplus-country investors alike, turned out to be toxic.

Mortgage lending to all categories of borrower in the US grew strongly during the early and mid-2000s. One particular borrower category, 'subprime' borrowers whose credit history does not qualify them for a conventional mortgage, has achieved notoriety. During the years before the global financial crisis, the standards applied by both bank and non-bank lenders in determining whether to grant mortgages were eroded dramatically, resulting in an explosion of lending in general, and in particular to high-risk borrowers. Between 2001 and 2003 the share of subprime loans in total US mortgage originations was below 10 per cent. This figure increased to around 20 per cent between 2004 and 2006, when the house price bubble reached its peak. Much subprime lending took the form of adjustable rate mortgages (ARMs), with an initial 'teaser' fixed rate of interest that would reset to a higher, flexible rate after two years. Commonly the principal (amount borrowed) was so high that the subprime borrower's financial resources were stretched to the limit in servicing the loan at the teaser rate; in such cases the borrower had no chance of keeping up the repayments when the higher rate kicked in after two years. Some mortgages allowed even riskier options from the lender's perspective. Option ARMs and negative amortization ARMs offered borrowers monthly choices such as payment of interest only, in which case the repayment of principal was deferred, or no monthly payment, in which case the interest foregone by the lender was added to the loan outstanding.

At the time, the practice of lending to borrowers who carried a high risk of never being able to repay may have seemed justified by ever-rising house prices. Provided house price inflation continued, borrowers would accumulate sufficient equity in their houses to refinance their mortgages after two years, repaying the old ARM to avoid the higher rate of interest, and taking out a new ARM for the same or an even larger principal. By increasing the size of the loan, the borrower could extract the gain in equity in the form of a lump sum. If house prices dropped, however, the refinancing option would not be available, and the mortgage would be likely to default when the teaser rate expired. In the US, in some cases a homeowner who is unable to service a mortgage can simply vacate the house and return the keys to the mortgage lender. The house is repossessed and the lender assumes responsibility for recovering the loan by selling the house.

Between 1997 and 2006 the price of the average US house increased by 124 per cent. The house price bubble peaked at the start of 2006, and prices had fallen by about 30 per cent by 2009. From 2006 mortgage delinquencies soared, just as a glut of newly built and repossessed houses came onto the market. Lenders often recovered only a fraction of the original loan values by selling repossessed houses in a falling market. Housing market bubbles also occurred in a number of other countries: most notably Spain and Ireland, as well as the UK and several other European countries.

Serious delinquencies (mortgages with payments more than ninety days overdue or in foreclosure) may have accounted for more than 40 per cent of all subprime ARMs in the US by the end of 2009. Large fees and commissions provided the incentives for individuals to overlook or actively hasten the erosion of lending standards at all stages of the mortgage supply chain: the mortgage brokers that arranged the loans for the borrowers; the retail banks that lent the money; the large investment banks that dealt with the mechanics of securitization when the mortgages were repackaged and sold to investors; and the credit-rating agencies that testified to the safety of complex and inadequately understood asset-backed securities.

Securitization (see Chapter 3) enabled banks to convert illiquid mortgage (and other) loans into marketable securities by slicing streams of anticipated income streams into low-, medium-, and high-risk tranches, thereby releasing capital to support other investments. Securitization became popular, in part, because by moving a pool of loans (assets) into a Structured Investment Vehicle (SIV) that was not subject to regulation, banks were able to avoid the need to hold capital against these securitized assets. In principle the trade in securitized assets and credit derivatives should improve the efficiency and stability of the financial system, by transferring risk to those investors most willing or equipped to bear risk. In practice, securitization was a contributory factor to the financial crisis, by heightening problems of adverse selection and moral hazard. Securitization weakened the incentive for originating lenders to screen borrowers prior to lending and monitor their performance subsequently. Originating lenders failed to complete basic tasks fundamental to their role as financial intermediaries, because they anticipated that the loans would be repackaged and passed on to other investors who would bear the credit risk.

Securitization increased opacity and complexity throughout the financial system, since it became unclear where the losses arising from potential future loan defaults would accrue. It became difficult or impossible for investors to assess the risks being run by financial institutions independently of the scores produced by the credit-rating agencies, which turned out to be flawed. It later transpired that much of the credit risk never actually left the balance sheets of the banks, since the banks and their SIVs were themselves among the most prolific traders of securitized assets. By distancing the borrower from the ultimate lender, securitization invited fraudulent practice on the part of some borrowers, who did not accurately disclose their financial circumstances, and some mortgage originators, who knowingly encouraged households to borrow far beyond their means.

It is widely accepted that the major credit-rating agencies (Moody's, Standard & Poor's, and Fitch IBCA) were inadvertently complicit in exacerbating the crisis. Credit-rating agencies offer judgements regarding the credit risk (quality) of bonds issued by large companies, financial institutions, and governments, summarized in an alphabetical scale of grades. The best-known scale is Standard & Poor's, in which the top grade is 'AAA', denoting very high-quality assets (with minimal credit risk), and the lowest is 'BB', denoting low-quality or 'junk' bonds (with a high probability of default). The credit-rating agencies were influential in determining the returns banks could earn by securitizing pools of mortgages and selling the resulting mortgage-backed securities

(MBS) to third-party investors. The proceeds from such sales were directly related to the agencies' ratings of the tranches of securitized assets: banks (or SIVs set up by banks) would pay the lowest interest on the most highly rated tranches. Furthermore, regulations stipulated that banks themselves could only buy tranches that were highly rated.

With the benefit of hindsight, it is clear that the credit-rating agencies were subject to conflicts of interest when preparing ratings for MBS and other securities commissioned and paid for by the issuing banks themselves, but presented to investors as the agencies' independent assessment of risk. The practice of 'ratings shopping' involved the issuers of securities sounding out the agencies for their initial feedback, and hiring the agency that quoted the most favourable rating. Alternatively, issuers could ask the agencies for advice on the adjustments that would be required to secure a higher rating, or enter into negotiations with the agencies. Higher agency fees for rating securitized assets than conventional bonds gave further encouragement for the production of favourable ratings.

Even if the conflicts of interest are set aside, the methods used by the agencies to produce their ratings were deeply flawed. Statistical models attached insufficient weight to events that would impact in a similar manner across the entire financial system, such as a nationwide decline in house prices as opposed to a localized decline. In other words the agencies underestimated systemic risk, as did many investors and regulators.

Until the late 1990s, banks valued their assets at historical cost, rather than current market value. Following the misreporting scandals of the early 2000s that precipitated the collapse of several major US corporations, such as Enron and WorldCom, the professional accountancy bodies and regulators introduced mark-to-market accounting rules, requiring balance-sheet valuations of assets, especially investments in securities, to reflect current market values (fair value). If market prices were unavailable for securities that were thinly traded, then valuations could be based on those of similar securities for which prices were available. Alternatively, banks could employ their own statistical models to determine fair value. During the financial crisis these accounting rules contributed to a squeeze on banks' balance sheets. As the markets for many securities seized up, by the rules banks were obliged to report significantly lower valuations of their investment portfolios. Deteriorating bank balance sheets increased investors' perceptions of credit risk, contributing to a scarcity of short-term interbank funding, and placing banks that were reliant on the interbank markets under severe pressure.

Corporate governance refers to the systems by which companies are directed and controlled. Agency theory, which describes the conflicts of interest that can arise between a company's shareholders acting as principal, and its management acting as agent, is central to any discussion of corporate governance. A key question is whether the maximization of shareholder value is the only legitimate objective of a privately-owned enterprise, or whether the company should accept a wider range of responsibilities towards a broader constituency of stakeholders including employees, customers, taxpayers, and society in general. Executives' personal and professional attitudes play a key role in determining the degree of alignment of executive interests with shareholder interests, and the extent to which executives pursue the maximization of shareholder value. Much of the evidence suggests that both the level and composition of executive compensation affect the risk of financial institutions. Share options, which give executives the option to purchase shares in the company after the elapse of a defined time period at a pre-determined price, are seen as particularly culpable in increasing financial instability. Share options encourage executives to undertake riskier investments that offer the potential to drive up the company's share price in the short term, at the cost of piling up risk that can eventually explode.

It is widely recognized that in the run-up to the global financial crisis, the structure of the compensation schemes of the banks' top executives and traders created perverse incentives for excessive risk-taking. If a bank's risky investments turn out to be successful, the bank's top executives take the credit for the profits yielded by the investments, and are rewarded with generous bonus payments. If the investments are unsuccessful, the top executives still draw their salaries, or in a worst-case scenario might be encouraged to vacate their posts voluntarily by an attractive 'golden parachute' payment offer. Likewise the traders who execute the risky investments are rewarded with huge bonuses if the investments succeed, while the downside risk is nothing worse than a change of job if the investments fail.

By contrast, the bank's shareholders may share in the upside gains if the investments succeed and some of the profits are either paid out in dividends or retained, bolstering the value of the bank's capital. But shareholders also bear substantial downside risk, in the sense that any trading losses will deplete the bank's capital. Bondholders also bear downside risk, without any prospect of sharing in the upside gains. The bondholders' returns are fixed provided the bank remains solvent; but if the bank's capital is wiped out by trading losses, bondholders may be unable to recover the nominal value of their holdings upon redemption. All of this suggests that in the run-up to the crisis, top executives and traders developed a much stronger appetite for high-risk investment or trading strategies than the shareholders and bondholders whose money was used to finance these activities.

The diversification of credit risk through securitization did not eliminate liquidity risk, arising from maturity mismatch between the short time-horizons of banks' liabilities, and the long time-horizons of their assets. SIVs funded a significant portion of their investments by selling short-term or medium-term asset-backed securities (backed by the assets held by the SIV) on the money markets. SIVs were therefore subject to liquidity risk, owing to the mismatch between the very short-term maturity profile of their liabilities on the one hand, and their longer-term assets on the other. The growth of repo financing, involving the very short-term (overnight) sale and repurchase of collateralized assets on the balance sheets of investment banks (see Chapter 3) further increased the exposure of the system to liquidity risk. At any time, uncertainty over a financial institution's health might cause investors to cease rolling over the short-term debt that funds the long-term investments. This liquidity risk often reverted directly back to the parent bank, which might have granted either a contractual credit line providing its SIV with guaranteed access to funding, or a reputational credit line providing non-contractual access, which was nonetheless commonly granted in practice, motivated by concerns that the SIV's failure would destroy the parent bank's reputation.

It is inevitable that the regulatory authorities, tasked with ensuring the safety and stability of the financial system, should be subject to intense critical scrutiny in the event of a monumental systemic failure on the scale of the global financial crisis. Clearly the regulators failed to recognize the scale and significance of the explosion in US subprime mortgage lending prior to 2007. In the area of housing, the dominant free-market ideology of the day, to which chief regulators such as Alan Greenspan, Chair of the Federal Reserve from 1988 to 2006, enthusiastically subscribed, may have combined with longstanding political pressures in favour of promoting home ownership among low-income families in shaping the policies of the government-sponsored enterprises (GSEs) Fannie Mae and Freddie Mac. Originally created to increase the flow of funds into housing and create a liquid secondary market for trade in existing mortgages and mortgage-backed securities (MBS), the GSEs were shareholder-owned, but their debt was guaranteed by the US Treasury. This government guarantee had given the GSEs a crucial competitive edge, enabling them to capture a large share of the US mortgage market, and allowing them to operate with exceptionally highly leveraged balance sheets. Official enthusiasm for widening home ownership also provided cover for the regulators' predisposition to turn a blind eye to the general proliferation of unsafe lending standards. Much of the growth in subprime lending in the US during the 2000s was fuelled by mortgages issued not by the banks themselves, but by mortgage brokers operating outside the regulated banking system. Such brokers originated the loans, and then sold them on within a few days or weeks for securitization.

A tolerance for the avoidance by banks of regulatory constraints may be included on the charge-sheet against the regulators. The practice whereby banks transferred securitized assets to SIVs, wholly-owned subsidiaries whose assets and liabilities did not appear on the parent bank's balance sheet, allowed the total capital held throughout the entire (regulated and unregulated) banking system against the underlying assets to be reduced. For example, while the senior tranches of MBS with the highest credit ratings and low capital requirements were often retained by regulated banks, the junior tranches were commonly channelled via the SIV into the unregulated shadow banking system, escaping the higher regulatory capital requirements their risk profile would otherwise have demanded.

Credit derivatives were another key financial innovation of the years preceding the crisis which largely escaped regulatory oversight. Securities such as credit default swaps (CDS) were tailor-made to meet the requirements of the parties entering into the contract, and traded by means of negotiation between the buyer and seller in unregulated over-the-counter (OTC) markets. This is in contrast to many other securities, such as government bonds, company shares, and some derivatives, which are written with standardized terms and conditions, and traded through organized exchanges that act as central clearing-houses for processing purchase and sale transactions. The ability to negotiate bilateral contracts with complex terms and conditions enabled participants in OTC credit derivatives markets to fine-tune the hedging of their risk exposures (and may also have protected high fees for the engineering of complex financial products that would have been eroded through competition had there been more standardization). However, the complexity and lack of standardization created a lack of transparency throughout the financial system, because no-one knew precisely the magnitude of the total risk exposures or where they were concentrated.

In view of the insurance-like nature of CDS, the lack of regulation contrasts starkly with the situation for traditional forms of insurance, which are heavily regulated. Regulation enables a consumer who takes out life insurance with a large company such as American International Group (AIG) to feel confident that AIG will still be around to pay out in the event of the policyholder's death. By contrast, the banks that purchased CDS from AIG, in some cases to protect themselves from losses that would be incurred in the event of the failure of other banks, had no regulatory protection whatsoever. Given the opacity of the linkages between financial institutions, it is easy to see how the failure of one large institution could rapidly cause panic over the solvency of many others.

Chapter 7
The global financial crisis and the Eurozone sovereign debt crisis

According to estimates, seven years after the peak of the global financial crisis in 2008, the combined GDP of OECD member countries in 2015 was around 10 per cent lower than it would have been if the pre-crisis trend in GDP had been maintained. This might be an over estimate of the effect of the crisis, however, since the pre-crisis trend reflects several boom years when economies were growing rapidly and perhaps unsustainably. If the comparison is made with potential GDP, a measure of the long-term trend in GDP that is sustainable, the combined GDP of OECD member countries was 6 per cent or 7 per cent lower than it would have been if the pre-crisis trend had been maintained. Whatever the precise figure, few economists would dispute that the recession which followed the crisis was the deepest since the Great Depression of the 1930s.

The United States

Early indications of the imminent financial crisis in the US were visible during the first half of 2007, as the rate of subprime mortgage delinquencies soared, resulting in sharp reductions in the prices of mortgage-backed securities (MBS), and increases in the cost of insuring these securities against default. Ratings downgrades were announced by several credit-rating agencies in June and July 2007. The investment bank Bear Stearns liquidated two hedge funds with large MBS portfolios, and several large mortgage lenders filed for bankruptcy protection. Overnight interbank lending rates increased sharply on 9 August 2007, after BNP Paribas announced that it was halting redemptions on three of its investment funds. Although the Federal Reserve and the European Central Bank (ECB) responded by injecting $24bn and €95bn, respectively, into the interbank markets, volumes of interbank lending fell sharply; and liquidity in the market for short-term asset-backed securities also began to dry up.

The crisis escalated during the spring of 2008 with the collapse of Bear Stearns, the smallest of the 'big five' US investment banks. In response to rumours circulating in financial markets that Bear Stearns was experiencing liquidity difficulties, in March 2008 the Federal Reserve Bank of New York announced that it would provide a $25 billion emergency loan; subsequently this offer was rescinded. Two days later Bear Stearns entered into a merger agreement with JPMorgan Chase, which valued Bear Stearns at $2 per share, down from $172 per share as recently as January 2007. The new company was funded by loans of $29bn from the FRB New York, and $1bn from JPMorgan Chase. Subsequently JPMorgan Chase's offer was raised to $10 per share, in an attempted compromise with disgruntled Bear Stearns shareholders. The latter eventually approved the sale in May.

The FDIC assumed responsibility for the management of the ailing Savings and Loan (S&L) association IndyMac in July 2008. Origination and securitization of Alt-A mortgages (a category considered riskier than prime but less risky than subprime) had been a major element in IndyMac's aggressive growth strategy during the years prior to its collapse. Unable to find a private-sector purchaser, the FDIC took control of the remainder of IndyMac's mortgages portfolio, and proceeded to implement a series of measures designed to reduce the number of defaults, including interest rate reductions, extensions of maturities, and reductions of principal outstanding.

On 7 September 2008 it was announced that the two government-sponsored enterprises (GSEs), Fannie Mae and Freddie Mac, would be placed under the control of their regulator, the Federal Housing Finance Authority. Traditionally restricted to dealing in high-quality mortgages only, prior to the crisis the two GSEs had accumulated significant portfolios of subprime MBS, spurred on by their public mission to support affordable housing. Delinquent mortgage write-offs during 2006 and 2007 were sufficient to deplete the GSEs' modest capital base, rendering them insolvent. By 2012 the two GSEs are estimated to have absorbed around $190bn of public bailout funding, returning $46bn in dividends.

Following the collapse of Bear, the attentions of speculators turned rapidly to Lehman Brothers, the fourth-largest US investment bank. Lehman's business model replicated many of the features that had undermined its smaller rival, including high leverage, over-reliance on short-term borrowing, and heavy exposures in MBS. Additionally, Lehman had accumulated large real-estate investments in commercial property. As its solvency deteriorated during summer 2008, Lehman made overtures to several potential merger partners or acquirers in the hope of securing a substantial capital injection. Over the weekend of 12–14 September, negotiations with Barclays stalled over the US Treasury's refusal to commit any public funding to support the takeover. Having attracted stinging public criticism for the publicly-funded rescue of Bear, and after having given open-ended commitments to the GSEs only one week previously, the Treasury took the fateful decision to sacrifice Lehman. On 15 September Lehman filed for Chapter 11 bankruptcy protection (Figure 12).

Why did the Treasury refuse to bail out Lehman after having previously rescued Bear Stearns (and the GSEs)? Several explanations have been suggested: first, after witnessing Bear's failure the markets had ample time to prepare for and adjust to the anticipated collapse of Lehman; second, although Lehman

12. Lehman Brothers' failure.

was twice the size of Bear, Bear may have been more interconnected with other financial institutions than Lehman; and third, the decision was simply a matter of timing, with the Treasury feeling it needed to draw a 'line in the sand' at some stage on bailouts. According to Alan Blinder, the absence of any private-sector guarantor for a possible Federal Reserve loan was the crucial distinction drawn between Lehman and Bear (whose bailout loan was part-guaranteed by JPMorgan Chase). The lack of a private-sector suitor may have reflected the markets' judgement that while Bear's collapse was caused by a shortage of liquidity, Lehman was fundamentally insolvent.

Whatever the justification for the Treasury's refusal to bail out Lehman, this momentous decision triggered a spectacular sequence of events that brought the global financial system to the brink of catastrophe. On 14 September the third-largest investment bank, Merrill Lynch, was hastily acquired by Bank of America for $50bn, amid reports of a loss of confidence in the bank's ability to refinance its short-term debt.

On 16 September the Federal Reserve acquired an 80 per cent stake in the largest US insurer, American International Group (AIG), in return for a loan of $85bn, subsequently increased to $182bn. AIG had accumulated a massive portfolio of credit default swaps (CDS), providing insurance against defaults on subprime MBS and other structured products. AIG's exposure on tranches of securitized products with the highest AAA credit rating was estimated at $450bn. AIG had failed to hedge the risk by taking offsetting positions in other securities that would pay out in the event that AIG was required to pay out on its CDS portfolio. AIG had also neglected to set aside capital reserves commensurate with its CDS exposure. The bailout took place despite grave concerns over AIG's solvency as well as its liquidity.

On 16 September the Reserve Primary Fund, a large money market fund, announced that its net asset value per share had fallen below $1, primarily owing to losses on short-term debt issued by Lehman. In a successful attempt to stem a run on the money market funds, the Treasury announced it would deploy $50bn from the Exchange Stabilization Fund to guarantee all existing money market fund liabilities; and the Federal Reserve made loans available to purchasers of asset-backed commercial paper (ABCP) from money market funds.

On 21 September it was announced that the Federal Reserve had approved the applications of Goldman Sachs and Morgan Stanley, the two remaining survivors (and the two largest) of the five major US investment banks, to convert to bank holding company status, making them eligible to be bailed out using public funds if necessary. This move appears to have dampened market speculation that these two investment banks might follow a similar path towards meltdown as their ex-competitors Merrill Lynch, Lehman Brothers, and Bear Stearns.

On 25 September the banking operations of Washington Mutual (WaMu), the largest S&L with assets of $307bn, the sixth-largest

US bank and the third-largest mortgage lender, was sold to JPMorgan Chase for $1.9bn. The sale followed a run on deposits, triggered by depositor concerns over the quality of WaMu's mortgage portfolio. An important precedent was set when, in stark contrast to Bear and AIG, WaMu's bondholders and unsecured creditors were forced to absorb losses. This development appears to have triggered a loss of confidence in Wachovia, the fourth-largest US bank. On 29 September a deal was announced for the acquisition of Wachovia by Citigroup; subsequently this deal broke down and Wachovia was purchased by Wells Fargo in a $15.1bn deal which did not involve any government support.

The US government's immediate response to these events was the Troubled Asset Relief Program (TARP), under which $700bn was earmarked for the purchase by the Treasury of troubled MBS, or any other securities deemed to be necessary to promote financial market stability. After the first version of TARP was voted down by Congress on 29 September, triggering large falls in stock prices, an amended version was hurriedly passed into law on 3 October. Subsequently in November Treasury Secretary Hank Paulson announced the abandonment of the original plan to purchase troubled assets, in favour of a policy of acquiring new ownership stakes in ailing banks whose balance sheets required capital injections. The change of direction appears to have been influenced by recognition of the difficulties in establishing a fair price for assets such as MBS in markets that had largely seized up.

In October it was announced that $250bn of TARP funds would be used for capital injections, with half of this amount assigned to nine large banks: Citigroup, JPMorgan Chase, Wells Fargo, Bank of America, Merrill Lynch, Goldman Sachs, Morgan Stanley, Bank of New York Mellon, and State Street. This recapitalization program was widely criticized for applying public funds indiscriminately to banks that required recapitalization, and to others that did not. The intention was to avoid stigmatizing recipients.

In November the Federal Reserve and Treasury announced an additional \$800bn package, comprising \$600bn for the purchase of MBS issued by the GSEs Fannie Mae and Freddie Mac, and a \$200bn lending facility for institutions willing to purchase designated asset-backed securities. The purchase of GSE securities marked the first phase of quantitative easing, QE1 (see also Chapter 8). Meanwhile the bank bailouts continued. Citigroup, at the time the largest US bank, was rescued by the Treasury, Federal Reserve, and FDIC in a package announced in November. The Treasury had disposed of its stake in Citigroup by the end of 2010. In a major extension of the scope of public bailout funding, in December the US Treasury announced a \$17.4bn package of TARP funding for General Motors and Chrysler. In total, the motor industry bailout is estimated to have ultimately cost the taxpayer around \$9bn.

During 2008 Bank of America had acquired the mortgage lender Countrywide Financial, which had been heavily implicated in the subprime crisis, and had agreed to acquire Merrill Lynch in a deal that had not been completed by the end of the year. In January 2009 a bailout of Bank of America was announced, under terms similar to the Citigroup rescue. The bailout appears to have been partly motivated by the regulators' desire to ensure that the purchase of Merrill Lynch did not collapse. Although there were some further publicly-funded capital injections into banks in early 2009, Bank of America was the last major US bank bailout of the 2007–9 crisis.

The United Kingdom and the Eurozone

Many European banks incurred losses on investments in MBS and other securities that were backed by loans that turned out to be delinquent as a consequence of the US subprime crisis. In Germany, IKB Deutsche Industriebank was an early victim of the crisis. Between 2002 and 2007 IKB accumulated a €12.7bn portfolio of asset-backed securities, held off-balance sheet by its SIV, Rhineland Funding. In August 2007 the state-owned Kreditanstalt für Wiederaufbau (KfW), a major shareholder in IKB, provided liquidity support and wrote off substantial losses on IKB's loans portfolio. Other German bailouts included Sachsen LB, a small state-owned regional bank with a large subprime exposure, acquired by the largest of the state-owned regional banks, LLBW (Landesbank Baden-Württemberg), in August 2007 with loan guarantees provided by the state government of Saxony; and WestLB, which secured €5bn of loan guarantees in January 2008 from the North Rhine-Westphalia state government and a consortium of local banks.

In September 2007 the retail bank Northern Rock was the first major UK casualty of the crisis. After Northern Rock announced that it had received emergency financial support from the Bank of England, £1bn was withdrawn from the bank's high-street branches over a few days. To stop the run the UK government announced a full guarantee of the bank's retail deposits. Subsequently Northern Rock was taken into public ownership.

During September 2008 Lloyds TSB announced that it was to acquire HBOS for £12bn, creating the Lloyds Banking Group, with a market share of around one-third in the UK savings and mortgage markets; and the UK government announced its acquisition of the mortgage-lending arm of Bradford & Bingley. The still-viable depositor base and branch network was sold to the Spanish Santander group.

In October the UK government announced the creation of a £50bn fund for the recapitalization of distressed banks. Capital injections were announced for RBS (£20bn), and Lloyds (£17bn), increasing the public ownership stakes in these banks to around 60 per cent and 40 per cent, respectively. In November an 'arms-length' company, UK Financial Investments Limited (UKFI), was established to manage Northern Rock and Bradford & Bingley. In February 2009 a permanent Special Resolution Regime was established. The Treasury acquired majority ownership stakes in both RBS and Lloyds.

Several major European banks also floundered at the height of the financial crisis, during the days and weeks following the September 2008 collapse of Lehman. Hypo Real Estate (HRE), a holding company comprising a number of specialist property finance banks including the troubled Depfa Bank (a German bank headquartered in Dublin which specialized in financing infrastructure projects), was the most prominent German casualty. In October 2008 an initial €50bn rescue package was agreed, comprising a €20bn credit line from the Bundesbank and €30bn of support from other German banks. HRE was subsequently nationalized by the German government and restructured, in one of the largest public bailouts of the global financial crisis.

In September 2008 the share price of Fortis Holdings, a financial services conglomerate based in Belgium, the Netherlands, and Luxembourg, plummeted amid rumours of difficulties in raising short-term funding. In October the Dutch government announced the €16.8bn acquisition of Fortis' Dutch banking and insurance subsidiaries, as well as Fortis' share of ABN AMRO's retail business. The sale of a 75 per cent stake in Fortis Bank to BNP Paribas was approved in April 2009. The governments of Belgium, Luxembourg, and France contributed to a joint €6.4bn recapitalization of the Dexia Group, announced at the end of September 2008. The Belgian government also provided guarantees for new borrowing by Dexia, and a capital injection of €1.5bn for the insurance company Ethias. In October ING Group accepted a €10bn Dutch government recapitalization injection. The Dutch government provided smaller capital injections to Aegon (€3bn) and SNS Reaal (€750m).

Throughout the rest of 2008 and 2009, the health of many European banks remained precarious, as did the finances of several governments which, in addition to funding large fiscal deficits accumulated during the 2000s, faced further shortfalls arising, in part, from debts incurred in bailing out distressed banks. Before the financial crisis, investors had assumed that all Eurozone member governments would honour all euro-denominated public debt, implying that the risk of default was negligible on any government bond, regardless of the country of origin. During the crisis, as it became clear that public debt had risen to unsustainable levels in several Eurozone countries, the markets started to factor a non-negligible default risk into the pricing of bonds issued by different Eurozone governments. It was also made clear that the ECB would not act in the same manner as other central banks, as a 'purchaser of last resort' of government debt. Bond yields began to diverge sharply from early 2010, in accordance with the markets' assessment of the default risk for each country. Default would imply withdrawal from euro membership. Borrowing costs spiralled for the governments of countries deemed to be at the highest risk, placing their finances under further strain.

One of the key lessons of the sovereign debt crisis has been the symbiotic nature of the links between the balance sheets of banks and governments. On the one hand, governments have on many occasions ridden to the rescue of distressed banks; and bank bailouts have imposed strains on the public finances. On the other hand, banks hold sizeable portfolios of government debt. As soon as investors start to doubt the creditworthiness of governments, bank balance sheets deteriorate as government bonds are written down in value. If the banks rein in their lending to consumers or business, in an effort to address the deterioration in their balance sheets, there are adverse macroeconomic consequences through reduced spending on consumption and investment, and slow growth. Poor macroeconomic performance places the public finances under further strain, leading to heightened concerns over the risk of default on government debt. If property prices fall, the balance sheets of banks with assets linked to property (mortgages, or MBS) are likely to deteriorate further. The downward spiral becomes self-perpetuating and difficult to escape.

By the end of 2014, five Eurozone member countries, Ireland, Greece, Spain, Portugal, and Cyprus, had been recipients of bailout loans provided by the EU and the International Monetary Fund (IMF), conditional on the implementation of tough austerity measures. The European Financial Stability Facility (EFSF), an SPV established to act as the main vehicle for coordinating bailouts, was established by the twenty-seven EU member states in 2010, to be funded by the Eurozone member states, with authorization to borrow up to €440bn to support guarantees offered to each Eurozone member. The EFSF was enlarged in 2011 to support guarantees of up to €780bn. In 2012 the European Commission outlined proposals to establish a European Banking Union (EBU), with the aim of decoupling sovereign risk from bank risk (see Chapter 8).

Rapid economic growth in Ireland before 2006 coincided with a housing and commercial property market boom, with much of the bank lending for property development financed in the interbank markets. After the property bubble burst in 2007 and interbank lending dried up in 2008, the Irish banks' liquidity and solvency came under severe strain. In September 2008 coverage under the Irish deposit guarantee scheme was raised from 90 per cent to 100 per cent of each individual's deposit, subject to a limit that was increased from €20,000 to €100,000. In October the guarantee was extended to all deposits and some debt categories of the three major domestic banks, Bank of Ireland, Allied Irish Banks (AIB), and Anglo Irish Bank, and three other domestic banks. In January 2009 the nationalization was announced of the third-largest bank, Anglo Irish Bank, amid allegations of inappropriate or fraudulent accounting practices involving the concealment of loans from shareholders. In February the government announced a €7bn recapitalization package for Bank of Ireland and AIB. In return for capital injections of €3.5bn each, the government received preference shares and an option to purchase 25 per cent of the ordinary shares of each bank.

Shortly before the expiry of the blanket guarantee in September 2010, the covered banks were committed to redeeming a large tranche of bonds with maturities that had been aligned with the term of the guarantee. The banks were obliged to borrow from the ECB to cover the bond redemptions. Irish government bond yields climbed to 7 per cent in October, rendering the cost of further market borrowing prohibitive. In November 2010 the Irish government negotiated an €85bn bailout package, which included funding from the EFSF, the IMF, and bilateral loans from other European countries. The Irish government committed to a four-year austerity package, including restraints on public spending and tax rises. In July 2011 the state-owned Anglo Irish Bank was merged with the Irish Nationwide Building Society, which had been taken into state ownership in August 2010, and renamed the Irish Bank Resolution Corporation (IBRC). IBRC was liquidated in 2013. In December 2013 Ireland announced its departure from the bailout programme, after having fulfilled its conditions.

Greece experienced reported growth in GDP averaging 4 per cent per annum over the period 2000–9, driven by a combination of banking sector deregulation, low interest rates, and high government expenditure. However, fast growth, together with flawed and deficient accounting data, masked severe underlying economic problems, including a lack of competitiveness evidenced by declining exports, low labour productivity, and widespread tax evasion and alleged corruption. These problems were manifest in large current account deficits (value of imports exceeds value of exports), large budget deficits (government expenditure exceeds tax revenue), and consequently high levels of government borrowing and debt. Real GDP fell by 0.4 per cent in 2008, and a further 5.4 per cent in 2009. By the end of 2009 the budget deficit as a percentage of GDP stood at 15.2 per cent, and crisis of confidence in the ability of the Greek government to fulfil its sovereign debt obligations triggered a sharp increase in yields on government bonds and a hike in the cost of insurance against default using CDS. Greek banks carried heavy exposures in Greek government bonds, and declining confidence in the solvency of the banks triggered large and sustained outflows of bank deposits.

In May 2010 the Troika, comprising the European Commission, the ECB, and the IMF acting jointly in their capacity as international lenders, sanctioned a €110bn loan to avert the prospect of default on Greek sovereign debt and cover the Greek government's funding requirements until mid-2013. A second package that would eventually amount to €130bn to the end of 2014, including funds for the recapitalization of Greek banks, was announced in 2011 and ratified in February 2012. Under the terms of the second bailout, private sector investors were required to accept extended maturities, reduced interest, and write-offs of 53.5 per cent of the notional value of Greek government bonds. The Greek government agreed to implement tough austerity measures. A €48.2bn bank recapitalization was completed in June 2013, including €24.4bn injected into the four largest Greek banks, NBG, Alpha, Piraeus, and Eurobank.

Between 2010 and 2014 some progress was made towards the reform of the Greek tax system, and there were several privatizations and some labour-market reforms. By the end of 2013 the government deficit had fallen to 3.2 per cent of GDP. In May 2014 a second round of recapitalization for six Greek banks (the big four, plus Attica and Panellinia), amounting to €8.3bn, was privately financed. Such gains, however, were achieved at a heavy cost. Recession was exceptionally severe, with further reductions in real GDP of 5.4 per cent in 2010, 8.9 per cent in 2011, 6.6 per cent in 2012, and 3.3 per cent in 2013, before modest growth of 0.8 per cent returned in 2014. The possibility that Greek politicians or the public would refuse to accept the austerity measures demanded as conditions for bailout funds, resulting in default on Greek sovereign debt and an enforced Greek withdrawal from the euro (Grexit), was a recurring concern throughout the Eurozone crisis. Grexit and the devaluation implied by the creation of a new currency would entail a huge drop in living standards in Greece. Elsewhere a dangerous precedent would be set for other countries, such as Spain, Portugal, and Italy, that could lead to the disintegration of the Eurozone.

Events culminating in the third Greek bailout began with the election of a new coalition government led by the left-wing Syriza party in January 2015, on an anti-austerity platform. Eurozone finance ministers agreed a four-month loan extension in February; but when the extension expired at the end of June Greece fell into arrears with the IMF. After several months of fractious negotiations over a third bailout, the government announced a referendum on the terms proposed by the Troika, and recommended a 'no' vote. On 28 June, during the run-up to the referendum, the Greek banks were closed, ATM withdrawals were subjected to a €60 daily limit, and capital controls (restrictions on the transfer of funds abroad) were imposed. In July the Greek electorate rejected the bailout terms, with a 'no' vote of more than 61 per cent. Faced with the likely alternative of Grexit, however, the Greek government subsequently accepted a third bailout, amounting to $85bn, on terms similar to those rejected in the referendum. The banks reopened on 20 July, and repayments to the IMF and ECB were made, but capital controls remained in force.

Spain has the EU's fifth-largest banking industry. There is a diverse range of ownership types, including commercial banks, savings banks, and specialized credit institutions. Banco Santander and BBVA are large commercial banks with extensive operations in Europe and Latin America. Initially, during 2007 and 2008, the largest Spanish banks wrote off relatively small proportions of their loans portfolios. Two distinctive features of the Bank of Spain's regulatory approach before the crisis have attracted attention. The first was a dynamic provisioning regime, requiring banks to harmonize loan-loss provisioning with the lending cycle, and achieve an accurate accounting recognition of credit risk. Under dynamic provisioning, a loan-loss provision is created at the inception of the loan, reducing the cyclical impact of provisioning. The second aspect is the requirement that assets channelled through Structured Investment Vehicles (SIV) are subject to the same capital requirements as on-balance sheet assets. As a consequence, most Spanish banks abstained from creating off-balance sheet vehicles.

A sharp downturn in the Spanish economy in 2008 was triggered by a property market collapse. The construction industry was decimated, and the rate of unemployment soared from 8.3 per cent in 2007 to 21.6 per cent in 2011. Spanish banks attempted to stave off losses from real-estate lending by acquiring properties from developers, and accumulated large portfolios of empty properties. Unlisted regional savings banks (*cajas*), some of which operated as development banks controlled by regional politicians as well as depositors, were badly affected. Between 2009 and 2012 the number of savings banks was reduced from forty-five to eleven, through a series of emergency mergers and nationalizations. Seven regional savings banks were merged in December 2010 to form the third-largest bank in Spain, Bankia, with Spanish government support.

In June 2012 the Spanish government requested external financial assistance from the EFSF. European Stability Mechanism (ESM) funding of up to €100bn for a period of eighteen months was provided to recapitalize, restructure, and resolve weak banks, allowing for the segregation of the toxic assets of banks requiring public support in an asset-management company. Spain exited the programme in January 2014.

Banks dominate the financial sector in Portugal. Many banks are highly diversified, into insurance, securities, and other non-banking activities. Conservative lending practices and the absence of any real-estate boom limited the exposures of Portuguese banks during the first phase of the financial crisis. Nevertheless, the Portuguese government set up a €20bn loan guarantee fund in October 2008, and in December 2008 announced the availability of up to €5bn for bank recapitalization. Banco Português de Negócios, (BPN) was nationalized by the Portuguese Government after accounting and fraudulent activities were uncovered. A government budget deficit of 9.8 per cent of GDP in 2010, combined with deteriorating macroeconomic conditions and credit-rating downgrades, led to a request for EU and IMF assistance in April 2011. A €78bn programme was offered, conditional on the Portuguese government pursuing austerity measures. The government would stabilize the banking industry by recapitalizing the nation's banks. During 2014 Portugal exited from its three-year adjustment programme on schedule, with the budget deficit targeted to fall to 4 per cent of GDP in 2014 and below 3 per cent in 2015. The collapse of Banco Espírito Santo in July 2014 provided an unwelcome reminder of the difficulties that had sparked the debt crisis.

After joining the EU in 2004 and adopting the euro in 2008, Cyprus became an international banking centre. Low corporate tax rates encouraged an influx of foreign deposits and rapid banking sector growth. Bank regulation and supervision were poorly coordinated, and disagreements between the central bank and Ministry of Finance were commonplace. Cypriot banks attracted large volumes of deposits from Greece and Russia, and held substantial portfolios of Greek government bonds. Real-estate lending contributed to a property market boom, and the banks' balance sheets became dangerously over extended. The bursting of the property market bubble, together with a €4.5bn write-down of Greek government bonds under the terms of the second Greek bailout, caused major difficulties for Cypriot banks in funding their commitments. In May 2012 the Cypriot government rescued Cyprus Popular Bank by granting a €1.8bn loan.

The Cypriot government turned initially to Russia, rather than the EU and the IMF, for emergency support. In early 2011 it sought and received a €2.5bn loan from Russia. Faced with ongoing difficulties, however, in June 2012 the Cypriot government requested assistance from the EU and the IMF to stabilize its financial system and finance its budget deficit. A programme of assistance was agreed by the Troika in March 2013. The programme, which made Cyprus the fifth Eurozone member state to be bailed out, comprises funding of up to €10bn for the period 2013–16.

In a key departure from the terms and conditions of previous Eurozone bailouts, the Cypriot government agreed to merge Cyprus Popular Bank into the Bank of Cyprus, and force the holders of uninsured deposits of more than €100,000 in both banks to absorb losses or convert a portion of their uninsured deposits into capital or equity in the merged bank, allowing the latter to recapitalize. This so-called 'bail-in' was highly controversial and damaged confidence in the banks, necessitating the imposition of temporary controls on domestic and international capital movements in March 2013. Domestic capital controls, which restricted bank withdrawals to a maximum of €300 per day, were eventually lifted in May 2014.

Although the 'bail-in' of uninsured depositors in Cypriot banks shielded EU taxpayers from the costs of yet another rescue package, it may also have increased the likelihood that in any future banking crisis large depositors will take flight rapidly at the first signs of trouble, heightening the risk that more banks will collapse. At the time of writing (mid-2016), the increasing threat of an Italian banking crisis appeared likely to provide a stern challenge to the principle of 'bail-in' of creditors. Against a macroeconomic background of sluggish economic growth, high unemployment, and high levels of public debt, Italian banks were burdened with large volumes of underperforming loans. Many Italian retail investors held bonds issued by Italian banks, making it difficult politically to impose losses on bondholders before banks can be bailed out by the Italian government, as Eurozone rules require.

Chapter 8
Policy and regulatory responses to the global financial crisis

The 2007–9 global financial crisis brought a number of specific policy and regulatory challenges into sharp focus. From an historical perspective, the regulatory response follows a long-established pattern, whereby stricter regulation and supervision is enacted in response to a financial crisis, while pressure leading to financial deregulation tends to mount during times of prosperity, as the previous crisis recedes into history and the collective memory fades.

Evolution of monetary policy

In the area of monetary policy, the earliest adoption of quantitative easing (QE) is attributed to the Bank of Japan, which sought to combat domestic deflation in the early 2000s by purchasing treasury securities and, later, asset-backed securities and corporate bonds, on a scale beyond that required to reduce the interest rate to zero. Purchases equivalent to $300bn in value were completed between 2001 and 2005. In the US, the Federal Reserve sold treasury bills and purchased less liquid assets on a large scale for several months prior to the Lehman collapse, in an effort to pump liquidity into the financial system. This policy has been interpreted as a forerunner of QE, which commenced officially in November 2008. The programme retrospectively known as QE1 involved the purchase by the Federal Reserve of bonds and mortgage-backed securities (MBS) to the value of $600bn that had been issued by the government-sponsored enterprises (GSE) Fannie Mae and Freddie Mac. QE1 was subsequently extended to include the purchase of a further $750bn of GSE securities, and $300bn of US Treasury securities. Purchases under QE1 were completed in March 2010.

Between December 2010 and June 2011, the Federal Reserve purchased $600bn of government bonds with long maturities under QE2. Operation Twist, announced in September 2011, was a credit easing programme for the sale of shorter-dated securities (maturities less than three years) and purchase of longer-dated securities (maturities between six and thirty years). Initially the Federal Reserve committed to purchases and sales to the value of $400bn; a further $267bn was added prior to the end of 2012. In September 2012 the Federal Reserve announced QE3, involving monthly purchases of GSE bonds and MBS to the value of $40bn per month. QE3 was expanded to include purchases of an additional $45bn of government bonds per month, from December 2012. In December 2013 the Federal Reserve announced the scaling back of these sales; QE3 was terminated in October 2014. At its meeting in the same month the Federal Open Market Committee (FOMC) issued forward guidance by affirming that a target range for the federal funds rate of 0 per cent to ¼ per cent is likely to remain appropriate 'for a considerable time' in pursuit of maximum employment and 2 per cent inflation.

In the UK, QE commenced with the purchase by the Bank of England of around £200bn of assets between March 2009 and January 2010: predominantly medium- and long-dated government bonds, and some corporate bonds. Further asset purchases were announced in October 2011 (£75bn), February 2012 (£50bn), and July 2012 (£50bn), bringing the total to around £375bn. In August 2013 the Monetary Policy Committee chaired by Mark Carney, the new Governor, issued a forward guidance statement indicating that the interbank rate would remain 0.5 per cent, and the stock of assets purchased under QE would be maintained at its current level, at least until the rate of unemployment rate had fallen to 7 per cent. In February 2014, following a faster-than-expected fall in unemployment and continued sluggish economic growth, the guidance was modified to refer to a range of indicators, and not solely the unemployment rate.

Critics have argued that QE is tantamount to 'printing money' by electronic means, in the sense that the accounts of the commercial banks selling the securities are credited by the central bank with new reserves created electronically. The extent to which QE feeds through into an inflationary expansion of the money supply depends on the willingness of the banks use the newly created reserves to support additional lending. In the wake of the global financial crisis, many banks were reluctant to lend, and a large proportion of the reserves created by QE either remained on deposit with the central banks, or were channelled into speculative investments in shares, property, or commodities by banks in search of higher yields on their assets. The accumulation of the banks' reserves does not necessarily defuse the inflationary potential of QE, because reserves in existence today can still be used to support increased lending tomorrow. In practice, however, policymakers have been more concerned with the possible deflationary effects of the cessation of QE, than the risk of inflation.

The potentially damaging inflationary consequences of QE may not have materialized, but were QE programmes successful in stimulating economic activity? The contribution of expansionary monetary policy towards recovery has been blunted by the simultaneous adoption of contractionary fiscal policies, by governments preoccupied with reducing budget deficits and public debt. Nevertheless there is a broad consensus that the impact of the global financial crisis would have been more severe in the US and UK had the central banks not intervened in the aggressive manner they did.

In the Eurozone the adoption of QE was resisted until 2015, despite sluggish growth and consistent undershooting of the ECB's 2 per cent inflation target. Germany argued that it would bear a disproportionate share of the costs of any QE programme, and questioned the legality of the purchase of government bonds on the grounds that the ECB is banned from financing governments directly by acquiring sovereign debt. Despite this prohibition, the ECB was active throughout the sovereign debt crisis in purchasing bonds in secondary markets (markets for the trading of bonds already issued). Between 2010 and 2012 the ECB focused on purchases of bonds issued by Eurozone governments, offsetting the additional liquidity that would have been created by accepting additional deposits of funds from the banks equivalent in value to the securities purchased. In 2011 the ECB announced a new programme of low-interest longer-term lending direct to banks, under the Long Term Refinancing Operation (LTRO), designed to supplement the ECB's regular Main Refinancing Operations (MRO) which supply short-term liquidity to banks. Further LTRO bond purchases were announced in 2012 and 2014.

The ECB's QE programme, announced in January 2015, involved bond purchases of €60bn per month between March 2015 and September 2016. Bond yields immediately fell, making it easier for governments to service or pay down their debt, and the capitalization of banks was strengthened through increases in the value of their existing portfolios of bonds held as investments.

An important development since mid-2014 has been the introduction of negative policy interest rates in several countries, implemented through either the imposition of a charge on the banks' reserves (deposits) at the central bank, or the introduction of a negative target for the key policy interest rate. A negative central bank deposit rate should increase the incentives for banks to lend, rather than accumulate reserves at the central bank, thereby boosting the level of economic activity. By discouraging inflows of short-term deposits from foreign investors, a negative interest rate should also help lower the exchange rate, providing a boost to domestically produced exports. By 2016, the 'negative interest club' included the Eurozone, Denmark, Sweden, Switzerland, and Japan, but excluded the US and the UK. The latter two countries may need to maintain higher interest rates to attract investor funds from abroad, in order to finance large current account deficits (trade in goods and services and other flows of income). By contrast several of the countries with negative rates run current account surpluses, and have less pressing need for external finance.

Until recently, many economists would have doubted whether a negative policy interest rate was sustainable, in the belief that depositors (whether banks depositing reserves at the central bank, or customers depositing savings with a retail bank) would rapidly switch to cash in order to avoid depletion of funds on deposit at a negative rate. As well as the possibility of bank runs, there were concerns that negative rates would cause other distortions in economic behaviour. For example, debtors would always prefer to pay early while creditors would sooner be paid late, contrary to the received wisdom. Consumers might attempt to store wealth in the form of gift vouchers or pre-payment cards for travel or mobile phone services. In practice, banks in the countries with negative central bank deposit rates have generally been willing to continue to maintain reserves with the central bank and accept a squeeze on profits, rather than bear the storage, insurance, and transport costs of holding large amounts of cash in their own vaults. Retail depositors have been shielded from negative deposit rates by the banks' concern that negative rates could trigger a run on deposits. The reluctance of banks to impose negative interest rates on deposits, however, has resulted in a squeeze on the banks' profitability.

Recent developments in bank regulation

History suggests that no system of regulatory arrangements is capable of providing a cast-iron guarantee of financial stability. Regulation often tends to be backward-looking, informed by the experience of the previous crisis. At the height of a crisis, supervisors may put off taking tough action to prompt the closure of a distressed bank. Rescue may be the safer option for supervisors or politicians, fearful that collapse could have consequences for financial stability that are hard to foresee. Often, regulators and supervisors are themselves industry insiders, who have worked in the industry previously or hope to do so in the future. Bank executive salaries tend to be higher than those of employees of publicly-funded regulatory agencies. Accordingly, regulated banks may exert undue influence over regulators, a problem known as 'regulatory capture'.

Since the crisis much of the impetus for strengthening the regulatory framework and improving international coordination has come from the Financial Stability Board (FSB) at the Bank for International Settlements (BIS). The FSB comprises senior representatives from ministries of finance, central banks, and supervisory and regulatory authorities of the G20 countries, plus Hong Kong, Singapore, Spain, and Switzerland, as well as international bodies including the ECB and European Commission. The FSB acts as a coordinating body to set policies and minimum standards that its members commit to implement at national level.

The post-crisis arrangements for the capital regulation of banks, devised by the FSB and known as Basel III, modify and extend the three-pillar approach to capital regulation introduced under Basel II (see Chapter 5). New capital and liquidity standards are being phased in between 2013 and 2019. Banks are required to achieve a minimum Solvency Ratio of 7 per cent by 2019, defined as the ratio of shareholder capital to risk-weighted assets. The minimum

Solvency Ratio requirement includes a new 'capital conservation buffer' of 2.5 per cent of risk-weighted assets, intended to strengthen loss-absorbing capacity. In addition, national regulators are permitted to impose a discretionary 'countercyclical capital buffer' of up to 2.5 per cent of risk-weighted assets. The ratio of Tier 1 Capital (shareholder capital plus reserves, or retained earnings) to risk-weighted assets must be at least 6 per cent. Systemically Important Financial Institutions (SIFIs) must hold additional capital in the range 1 per cent to 2.5 per cent. SIFIs are large, interconnected, and complex entities whose failure would disrupt not only the wider financial system, but also investment, employment, and growth in the real economy. Basel III introduced a new Leverage Ratio, requiring banks to maintain a ratio of Tier 1 Capital to total (not risk-weighted) assets of 3 per cent. Banks must maintain a new Liquidity Coverage Ratio (LCR) to ensure they hold sufficient liquid assets to survive a 30-day stress test; and a Net Stable Funding Ratio (NSFR) to limit reliance on short-term wholesale funding.

During the global financial crisis, the issue of too-big-to-fail (TBTF) (see Chapter 5) re-emerged with a vengeance in the debate surrounding the controversial bailout of Bear Stearns, and the equally controversial decision *not* to rescue Lehman Brothers. During this phase, it was suggested that a more relevant criterion for identifying institutions that could not be permitted to fail under any circumstances was their degree of interconnectedness with other financial or non-financial institutions. The term too-interconnected-to-fail (TITF) has been coined to capture the notion that, although size and interconnectedness may be correlated they are not synonymous; and the interconnectedness of a distressed bank is the key determinant of the level of systemic risk its failure would pose.

Interconnectedness creates problems when banks are excessively reliant on each other for short-term funding. If one bank withdraws temporarily from lending to other banks, interbank lending markets can rapidly seize up, jeopardizing the stability of banks generally and the financial system. Another example of interconnectedness concerns a bank that has entered into large numbers of credit default swap (CDS) or other derivatives contracts, with other financial institutions as counterparties. In the event that the bank fails, these contracts would not be honoured, and the default would carry the potential to jeopardize the stability of the counterparties.

Bank levies have been introduced in many developed countries, especially in Europe. These taxes act as a complement to other forms of prudential regulation. One objective is to impose a larger proportion of the costs of implicit guarantees and taxpayer-funded bailouts on the banks themselves. Typically, bank levies are charged on bank liabilities such as deposits; the specific types of liability subject to the levy vary between countries. Some countries, including the Netherlands and the UK, have introduced progressive scales, which impose most or all of the burden on the larger banks. In the UK, a phased reduction in the bank levy will be offset by a tax surcharge on profits, operative from 2016. Tax revenues raised from bank levies may be directed into specific bank resolution funds (as in Germany), or added to general tax revenue (as in the UK). There is some evidence that banks have shifted much of the additional tax burden on to customers, by increasing the rates charged on loans to borrowers, and reducing the rates paid to savers.

The global financial crisis strengthened the case for the introduction (or reintroduction) of separation between commercial and investment banking, as operated in the US between 1933 and 1999. The objective would be to isolate retail banking from possible losses arising from speculative investment banking trading. Paul Volcker, a former US Federal Reserve Chairman, argued that the banks' involvement in derivatives trading had contributed to excessive systemic risk prior to the crisis. The so-called Volcker rule, incorporated into the Dodd–Frank Act of 2010, prohibits US banks, or any institution that owns a bank, from engaging in proprietary trading in securities, derivatives, commodity futures, and options on their own account. Such trading on behalf of clients is still permitted. Full compliance with the Volcker rule was required by July 2015. Critics have argued that the ability to trade in securities is an essential tool in risk management, and the rule fails to discriminate between trading activities that reduce risk, such as hedging, and purely speculative trading. Trading in securities on behalf of clients and proprietary trading may be hard to distinguish in practice. When lobbying against the rule, the banks argued that their international competitiveness would be damaged by restrictions on their permissible activities.

In the UK the Independent Commission on Banking, chaired by John Vickers, recommended in 2011 that banks should ring-fence their retail banking divisions from their trading or investment banking operations. Banks with deposits of more than £25bn will be required to place their retail operations and trading operations into separate subsidiaries from 2019. The entities on both sides of the ring-fence will need to demonstrate that they could operate independently, and the retail entity will be subject to more stringent capital requirements. Banks will be allowed leeway to design their own business models, and will be required to demonstrate compliance.

For Europe, the 2012 Liikanen Committee report offered a further variation on ring-fencing, in proposals that had not been written into legislation at the time of writing. Liikanen, the governor of the Bank of Finland, proposed that banks with more than €100bn in assets used to support trading, or for which such assets represent at least 15 per cent to 25 per cent of total assets, should place their trading activities into a trading bank constituted as a separate legal entity. The trading bank would not be funded from retail deposits, and would not offer retail payment services. Retail banks would continue to use derivatives for risk-management and hedging, and both entities must independently satisfy capital requirements.

Micro-prudential regulation refers to regulatory measures targeted at individual banks, while macro-prudential regulation involves measures aimed at enhancing the stability of the financial system as a whole. Macro-prudential regulation and supervision is designed to address systemic risk, created by interconnectedness, or interactions between banks and other financial and non-financial institutions. Since the global financial crisis the FSB has identified twenty-eight Global Systemically Important Banks (G-SIBs) based on their size, interconnectedness, and complexity according to qualitative judgement. Sixteen of these banks are headquartered in Europe, eight in the US, three in Japan, and one in China. It is proposed that G-SIBs should be subject to more intrusive supervision than other banks, and hold additional capital in proportion to the estimated broad economic costs that would arise from failure. In November 2014 the FSB announced proposals for G-SIBs to be required to demonstrate a loss-absorbing capacity equivalent to 16–20 per cent of total assets.

Bankers' pay and bonuses have been subject to intense public scrutiny since the financial crisis. The amounts paid in bonuses by the large banks to their own employees are substantial. According to figures for the UK quoted by the *Guardian*, in 2012 HSBC's profits were £7bn and its bonus pool was £1.8bn; 204 HSBC employees worldwide were each paid more than £1m. Barclays' profits were £13.7bn, and its bonus pool was £2.4bn, with 428 employees paid more than £1m. RBS, despite reporting losses of £5bn, created a bonus pool of £607m; and Lloyds, with losses of £5m, created a bonus pool of £375m. Bonus payments to the senior executives of banks such as RBS and Lloyds that had been bailed out using taxpayer funds proved especially toxic for the banks' own public relations, and for governing politicians. In 2012 Fred Goodwin, a former CEO of RBS, was stripped of a knighthood awarded in 2004 for services to the banking industry.

Despite public anger, politicians have shown reluctance to legislate on executive compensation, preferring to leave remuneration as a matter for market forces to shape and boards of directors to decide. As with any regulation with less-than-universal geographical coverage, it has been argued that the market for executive talent is global, and restrictions imposed in one region would simply encourage executives or banks themselves to relocate to jurisdictions without restrictions. One notable exception is the EU, which introduced legislation in 2014 to cap bonuses at 100 per cent of salary, unless at least 65 per cent of shareholders (75 per cent if there is no quorum) approve an increase to 200 per cent. Opponents argue that a cap on bonuses will simply lead to higher salaries, as banks seek to maintain total compensation at equivalent levels. If banks respond by increasing salaries, a higher fixed element in total compensation affords banks less flexibility, rather than more, to adjust costs if trading conditions deteriorate. A tax on bank bonuses, imposed in the UK temporarily in 2009, may have encouraged banks to pay higher gross bonuses in order to preserve net payouts.

The London Interbank Offered Rate (or Libor) is the rate of interest at which banks lend to each other overnight on the London interbank market. Libor is also the rate used as a benchmark for pricing other loans to households, corporations, and governments, as well as many other securities such as derivatives. Until recently rates were calculated for ten currencies over fifteen borrowing periods, ranging from overnight to one year, and published daily. Historically, Libor was overseen by the British Bankers' Association, and based on quotations (not actual rates) submitted by eighteen large banks. Each morning banks submit their estimates of borrowing costs to Thomson Reuters. The highest and lowest 25 per cent of submissions are disregarded and Libor is the average of the remaining submissions.

In 2008 a *Wall Street Journal* article alleged manipulation of Libor rates; and in 2012 substantial further evidence emerged.

During the financial crisis some banks deflated their estimates of Libor, so as to make themselves appear more creditworthy and therefore stronger than they actually were. Many banks stood to earn significant profits on derivatives based on interest rates, if rates were to decline. A series of investigations revealed evidence of widespread manipulation of Libor on several currencies. Several large banks and brokerages, including Barclays, UBS, RBS, Deutsche Bank, and Société Générale, have subsequently paid hefty fines, and in 2015 one former trader was sentenced to lengthy imprisonment. Subsequently the Libor was transferred from the British Bankers' Association to NYSE Euronext Rates Administration (later renamed ICE Benchmark Administration after Intercontinental Exchange (ICE) acquired NYSE Euronext), regulated by the UK's FCA. In July 2014 the FSB announced plans to base benchmark interest rates as much as possible on actual market transactions data, making Libor less susceptible to manipulation. Under a 'twin-track' approach the existing Libor will be strengthened by underpinning using market transactions data; while work commences on developing 'nearly risk-free reference rates' based on market transactions.

Although there is widespread agreement that before the crisis central banks, regulators, and investors were over-reliant on information produced by the credit-rating agencies, progress towards reform in this area has been slow. In the US the Dodd–Frank Act strengthened the regulation of credit-rating agencies; required agencies to disclose how their ratings have performed over time; and required agencies to provide additional information to allow investors to interpret published ratings more effectively. An amendment to the Act specifies that ratings are not protected as free speech, but should be regarded as commercial in character and subject to the same standards of liability and oversight applicable to auditors, securities analysts, and investment bankers. The FSB has called for a reduction in references to agency ratings in standards, laws, and regulations, and for banks and other large investors to disclose information about alternative approaches to credit-risk assessment.

Deficiencies in over-the-counter (OTC) derivatives markets that were exposed during the crisis include a build-up of counterparty risk that was neither adequately recognized nor appropriately managed, and a lack of transparency over the size and concentration of counterparty credit exposures. In 2009 the G20 leaders committed to reforms that would introduce centralized clearing and, where appropriate, electronic trading of standardized OTC derivatives; improved reporting of transactions; and higher capital requirements for non-centrally cleared transactions. In the US the Dodd–Frank Act included provisions for some liquid and standardized derivatives transactions, including CDS, to be subject to central clearing requirements. However, progress towards consistent, timely, and accurate reporting of the data required for regulators to accurately gauge counterparty exposures has been patchy. Several years after the crisis it is doubtful whether regulators' ability to measure the threats posed by derivatives markets for financial stability is much improved.

There is little doubt that the accumulation of risk in the shadow banking system was a factor in the global financial crisis. Since 2011 the FSB has conducted annual monitoring assessments, which have been complemented by exercises carried out by the IMF, the ECB, and regional consultative groups in the Americas and Asia. Several other initiatives to strengthen regulation of the shadow banking system are underway. The FSB tasked the Basel Committee on Banking Supervision (BCBS) with formulating proposals to reduce risks posed by the interaction between traditional banks and shadow banks. New risk-sensitive capital requirements, to be implemented in 2017, are designed to ensure banks hold sufficient capital against investments in the equity of funds (given the underlying investments and leverage of a given fund). A new supervisory framework for measuring and controlling banks' large exposures, to be implemented in 2019, limits the maximum losses a bank might make in the event of the failure of a large counterparty or group of closely interconnected counterparties. The reporting and monitoring of large exposures extends existing capital regulation, and is applicable to all internationally active banks.

The liability structure of money market funds (MMFs) made these funds prone to bank runs during the financial crisis. In October 2012, the International Organization of Securities Commissions, IOSCO (the worldwide association of national securities regulatory commissions) issued final policy recommendations that provide the basis for common standards of regulation and supervision of MMFs. One of the major recommendations is that where possible MMFs should convert to floating, rather than constant, net asset values.

Efforts have been made to improve transparency and align incentives in markets for securitized assets. In November 2012, IOSCO recommended that securitizers should be required to retain a proportion of new securitized issues on their books; and in October 2014 the US authorities adopted a new rule requiring sponsors of asset-backed securities to retain not less than 5 per cent of the credit risk of the underlying assets. In August 2013 the FSB produced a framework for regulatory authorities to assess the systemic risk arising from shadow banking institutions other than MMFs, based upon economic (maturity transformation, liquidity) functions rather than legal form, and a set of policy measures that can be used to reduce risks emanating from the shadow banking sector.

Cross-border banking raises complex issues for supervision and, especially, for resolution in the event of the failure of an international bank that trades in several countries with separate regulatory arrangements. Strains are placed on a supervisory framework organized on national lines, when there is considerable variation between countries in supervisory and regulatory practice. Cooperation between national supervisors is difficult at the best of times, and disputes can delay action in situations where speed is essential. Progress in resolving these issues since the global financial crisis has been patchy.

A cross-border bank's legal structure determines the division of responsibilities between national supervisory authorities. Traditionally the branches of international banks are subject to home-country supervision: in other words, international branches were the responsibility of the supervisor of the country in which the bank was headquartered. By contrast subsidiaries, incorporated as separate legal entities owned by the parent bank, fall within the host-country supervisor's jurisdiction, and so were the responsibility of the supervisor of the country in which the subsidiary was located.

Home-country supervision creates difficulties in the case of failure, if the most immediate and damaging repercussions impact upon the host, rather than the home country. The Icelandic banking collapse of 2008 illustrates the danger of mismatch between the size of a cross-border bank, and the size of a home country's resources available to launch a rescue in the event of failure. Between 2006 and 2008 Landsbanki and Kaupthing set up online banking operations offering high-interest internet accounts to depositors in the UK and the Netherlands in the case of Landsbanki's Icesave brand, and through subsidiaries trading under the Kaupthing Edge brand in nine European countries. When liquidity in the interbank markets dried up in September 2008 following the Lehman collapse, the Central Bank of Iceland had insufficient reserves of euro and sterling to meet the banks' funding requirements as lender of last resort.

In early October Glitnir was placed into receivership; and following a run on savings in Icesave by UK and Dutch online depositors, Landsbanki quickly followed. Since Icesave was a branch (not a subsidiary) of Landsbanki, its UK depositors were not covered by UK deposit insurance; however, the UK government froze Landsbanki's UK assets and announced it would compensate UK retail depositors in full. The UK authorities also placed Kaupthing's UK subsidiary into administration, and sold its internet bank Kaupthing Edge to the Dutch group ING Direct. In Iceland Kaupthing followed into receivership. Relative to the size of its economy—Iceland's population is just over 300,000—the collapse of Iceland's banking system has been adjudged by the IMF as the largest of all time.

Since the global financial crisis, efforts to introduce coordinated international arrangements for the resolution and disposal of assets of failed banks with cross-border operations have made limited progress. The requisite trust in foreign regulators to treat all depositors, creditors, and shareholders even-handedly has not always been forthcoming. Instead, there has been a trend towards what has been described as the fragmentation or 'balkanization' of international banking. The Dodd–Frank Act, for example, requires foreign banks to create separately capitalized intermediate holding companies (IHC), subject to US regulatory oversight, to house any subsidiaries operating in the US. Apart from the costs of achieving compliance with US capital-adequacy requirements in respect of the subsidiary by itself, the establishment of an IHC imposes a host of other costs, including the creation of new management, governance, and reporting frameworks, hiring new employees, and modifying IT systems.

One of the most troublesome issues for large international banks is the need to achieve compliance with multiple rules across different jurisdictions. By creating a complex web of home-country, host-country, and international regulatory constraints, the regulatory authorities may be, either deliberately or inadvertently, addressing the problem of too-big-to-fail (TBTF) through a back-door approach that forces large institutions to downsize. However, this approach may make the financial system less efficient, by effectively precluding the largest banks with the greatest technical expertise from trading internationally.

In June 2012 the European Commission launched proposals to create a European Banking Union (EBU), comprising three pillars.

The first pillar involves a transfer of supervisory responsibilities for 123 banks deemed to be 'significant', from national supervisors to a Single Supervisory Mechanism (SSM) operated by the ECB. The objective is to implement a single harmonized supervisory rulebook based on Basel III, rather than divergent national arrangements. The UK authorities, along with Sweden, have declined to participate in the SSM, which became operational in November 2014.

The second pillar of EBU, a pan-European resolution mechanism, aims to provide for the orderly shutdown of non-viable banks, so minimizing the likelihood of taxpayer-funded bank bailouts. The third pillar is the creation of a European deposit insurance scheme that would operate, alongside the resolution fund, under a common resolution authority. This pillar is controversial, because it implies a form of debt mutualization, whereby deposit protection funded by a member with an orderly banking system would be used to protect depositors in a country with a failing banking system. In addition to those of the EBU, proposals are being developed for a Capital Markets Union (CMU), involving the gradual removal of economic and legal barriers to the integration of European capital markets.

Continued progress towards an EBU and CMU was threatened by the outcome of the UK referendum in June 2016, when voters decided by a narrow majority (51.9% to 48.1%) that the UK should leave (Brexit) the EU. The withdrawal process is triggered when the UK government invokes Article 50 of the Treaty on European Union, initiating a two-year period of negotiation between the UK and the other twenty-seven EU member states to decide future relationships. At the time of writing (mid-2016) a new Prime Minster has been appointed in the UK, and a ministerial post has been created with a specific focus on the terms of withdrawal.

The future structure and location of banking and other financial services, both in the UK and elsewhere, will ultimately depend upon the UK's future relationship with the EU. Prior to Brexit the UK is the largest financial centre in Europe, and London dominates worldwide in areas such as wholesale financial services and trading of major currencies, including the euro. UK banks' access to Europe could be terminated if, upon leaving the EU, the UK loses access to the single market. A UK bank would require a separate licence in every EU member state in which it seeks to trade. A significant portion of banking business could choose to relocate from the UK to other major financial centres in Dublin, Paris, or Frankfurt. Whatever happens, a prolonged period of uncertainty over the terms of Brexit is likely to complicate operational and strategic decision-making at banks currently located in the UK.

Glossary

Adjustable rate mortgage A mortgage with a variable interest rate that is adjusted periodically in line with a defined market rate. The rate may be fixed for an initial period before any adjustments take place.

Adverse selection Occurs when a service is chosen predominantly by a group of buyers who offer a poor return to the seller. For example, borrowers know more about themselves than lenders, and may self-select in such a way that bank loans are taken out predominantly by high-risk borrowers.

Asset-backed commercial paper A short-term security issued by a bank or other financial institution. A company seeking to raise cash sells a stream of expected future revenues to a bank, which in turn sells ABCP to investors. As the revenues are collected by the company, these are passed on via the bank to the investors.

Asset-backed security A security with repayments generated from a pool of underlying assets such as mortgages or student loans. The cash flows emanating from the underlying assets are assigned to tranches bearing different levels of *credit risk*. Investors holding the senior tranches take priority over junior tranche-holders when repayments are made.

Asymmetric information A situation where one party to a transaction has more information than the other party, hindering the smooth functioning of markets. Financial markets are susceptible to asymmetric information problems in the form of *adverse selection* and *moral hazard*.

Broad money A money supply measure, comprising cash held by the non-bank public and commercial banks' *reserves*, and deposits with banks or other financial institutions that can be converted into cash easily.

Capital The difference between a bank's total assets and its liabilities in the form of funds raised from depositors and investors. Capital, also known as equity or net worth, is the shareholders' ownership stake in the bank, providing the bank with a buffer against unanticipated losses.

Collateralized debt obligation A security constructed by repackaging a pool of cash-generating assets into tranches bearing different levels of *credit risk*. The assets might themselves be *asset-backed securities*.

Commercial bank A bank that accepts deposits and extends loans. Commercial banks supply both *retail banking* and *corporate banking* services.

Commercial paper A short-term unsecured security issued by a highly rated financial or non-financial company seeking to raise cash.

Corporate banking The provision of core banking services, including deposit-taking and lending, to large companies.

Corporate bond A fixed-interest security issued by a large company as a means of borrowing.

Credit default swap A *credit derivative*, under which the buyer makes a regular stream of payments to the seller to insure against the possible default of an underlying asset such as a *government bond* or *corporate bond*, or a *mortgage-backed security*. The seller agrees to cover the losses that would arise in the event that the insured asset defaults.

Credit derivative A derivative security which transfers the *credit risk* associated with an underlying asset from one party to another.

Credit easing An unconventional monetary policy pursued by a central bank, involving the purchase of long-term or high-risk securities through *open market operations*, and the sale of short-term or low-risk securities.

Credit rationing A situation when investors cannot obtain funding for viable projects, because banks are unwilling or reluctant to lend.

Credit risk The risk that a borrower or the issuer of a security will fail to meet his obligations to make repayments, causing the bank or security-holder to incur losses.

Credit-rating agency An agency that issues ratings reflecting the riskiness of securities, companies, or countries. Standard and Poor's, Moody's and Fitch IBCA dominate the credit-rating industry.

Currency risk The risk that foreign exchange rate movements cause the balance sheet value of assets to decrease, or the value of liabilities to increase, when banks hold assets and liabilities denominated in different currencies.

Deposit expansion multiplier The (multiple) increase in *broad money* arising from an increase in bank lending in response to an increase in bank deposits.

Deposit insurance A scheme guaranteeing that small depositors are reimbursed (normally to a specific limit) if a bank collapses. Deposit insurance may be funded by banks or by the government.

Deposit rate The interest rate paid by the central bank on deposits placed by commercial banks, known as *reserves*.

Derivative A security whose value is derived from the price of one or more underlying securities or indices.

Discount rate The interest rate charged by a central bank for lending to commercial banks.

Equity See *capital*.

Fire sale An enforced sale of assets at reduced prices, often when a bank encounters a *liquidity* or *capital* shortage.

Forward guidance A verbal commitment on the part of a central bank concerning the future conduct of monetary or interest rate policy.

Forward An *over-the-counter* contract between two parties for the sale and purchase of an asset at a specified price on a specified future date.

Future Similar to *forward*, but purchased and traded on an exchange (rather than *over-the-counter*).

Government bond A fixed-interest security issued by a government as a means of borrowing.

Government-sponsored enterprise In the US, a financial services corporation that facilitates the flow of credit to specific demographic groups or economic sectors. GSEs include the Federal National Mortgage Association (Fannie Mae) and the Federal Home Loan Mortgage Corporation (Freddie Mac), which help low- and medium-income households obtain mortgages.

Interbank market The market for borrowing and lending between banks.

Interest-rate risk The risk that interest rates might increase, obliging a bank to pay higher interest to depositors, while the interest received from loans with non-flexible rates remains unchanged.

Investment bank A bank that provides services to companies, governments, and wealthy private individuals, including assistance in arranging mergers, *underwriting* new security issues, and asset or wealth management. Investment banks also trade in securities, commodities, and derivatives.

Junk bond A *corporate bond* which offers a high return but carries a high *credit risk.*

Lender of last resort Refers to the role of the central bank in providing emergency lending to commercial banks that are temporarily unable to meet their depositors' demands for withdrawals.

Leverage Refers to the amount of debt a bank uses to finance its assets, including investments in securities and lending. Leverage magnifies risk. Borrowing to finance the acquisition of assets may be profitable if the acquired assets deliver returns as expected, but jeopardizes solvency if the assets default.

Liquidity The ease or speed at which an asset can be sold and converted into cash. A liquid asset can be sold easily and quickly.

Liquidity risk The risk that a bank might not hold sufficient liquid assets to be able to meet the demands of its depositors for withdrawal of their funds.

Market risk The risk that a bank's investments in securities might fail to deliver the returns expected, or the securities might fall in value.

Monetary base Cash held by the non-bank public and commercial banks' *reserves.* A narrower money supply measure than *broad money,* also known as narrow money.

Money market fund In the US, a mutual fund which invests in securities such as *commercial paper* and short-term *government bonds.*

Moral hazard A tendency for a person or entity to behave irresponsibly, in the knowledge that someone else will bear the cost of their risky or negligent behaviour. For example, if borrowed funds are not used responsibly, the lender may bear the cost in the event that the borrower defaults.

Mortgage-backed security An *asset-backed security* whose underlying asset is a pool of mortgages.

Narrow money See *monetary base.*

Net worth See *capital.*

Open market operations Purchase or sale by the central bank of securities, such as *government bonds,* with the intention of influencing the money supply.

Operational risk The risk of failure of a bank's physical or human resources, owing to events such as natural disasters, terrorist attacks, or negligence or fraud on the part of employees.

Option A contract which confers the right, but not the obligation, to either buy (call option) or sell (put option) an asset such as a security at a specified price on, or sometimes until, a specified date.

Over-the-counter market A market in which buyers and sellers negotiate and transact directly with each other, without the supervision or mediation of an exchange.

Quantitative easing A central bank policy of purchasing securities from banks and other financial institutions, and supplying *reserves* beyond the quantity required to reduce the target policy interest rate to zero.

Repo The sale of securities, with a commitment by the seller to repurchase at a slightly higher price after a specified period (often overnight). Widely used by banks as a source of short-term funding.

Reserves Highly liquid and secure deposits placed by commercial banks with the central bank.

Retail banking The provision of banking services to consumers, households, and small businesses.

Securitization A practice whereby a bank bundles a large number of loans together, and sells them to a *structured investment vehicle* (SIV). The SIV typically finances its acquisition of the loans by selling *asset-backed securities* or *mortgage-backed securities* to investors, backed by the anticipated future income from the loans.

Settlement risk The risk that one party may fail to meet its financial obligations to another at the time of settlement of a contract.

Shadow banking Refers to financial institutions that offer similar services to banks, but operate without banking licenses and largely beyond the scope of regulation.

Sovereign risk The risk of losses arising from actions taken by a sovereign nation, such as suspension or default on repayments on *government bonds*.

Special purpose vehicle A subsidiary of a financial institution with its own legal status. An SPV may be used by the institution to transfer assets from its own balance sheet, perhaps evading a regulatory requirement to hold capital against the assets concerned.

Stress test An investigation of a bank's capability to absorb losses arising from an unfavourable change in economic conditions, such as an increase in loan defaults or an adverse movement in the market interest rate.

Structured investment vehicle A type of *special purpose vehicle*, which deals in structured securities such as *asset-backed securities* or *mortgage-backed securities*.

Subordinated debt A form of debt which has lower priority, or is subordinate to, other (secured) debt in the queue for repayment in the event that the issuer defaults on its commitments to repay.

Subprime mortgage In the US, a residential mortgage extended to a class of borrower with a low credit rating, or poor credit history.

Swap A *derivative* security which commits the parties to a series of exchanges of cash flows at agreed dates in the future. Common examples are interest rate, currency, and commodity swaps.

Syndicated lending Refers to a large loan made by a group (syndicate) of banks to a large company or government.

Underwriting A commitment on the part of an *investment bank* to purchase any securities from a new issue that are not taken up by investors.

Wholesale banking The provision of financial services to large companies, including both *corporate banking* and *investment banking* services.

Further reading

General

Introductory textbooks covering the theory and practice of banking include *The Economics of Money, Banking and Financial Markets*, 10th edn., by Frederic Mishkin (Pearson, 2012); *Money, Banking and Financial Markets*, 3rd edn., by Stephen Cecchetti and Kermit Schoenholtz (McGraw Hill, 2011); and *Introduction to Banking*, 2nd edn., by Barbara Casu, Claudia Girardone, and Philip Molyneux (Pearson, 2015). At a more technical level, *The Oxford Handbook of Banking*, 2nd edn., edited by Allen Berger, Philip Molyneux, and John Wilson (Oxford University Press, 2015) provides in-depth coverage of banking theory, bank performance, regulation, and macroeconomic themes.

Chapter 1: Origins and function of banking

The articles 'How do Banks Make Money: A Variety of Business Strategies' and 'How Do Banks Make Money? The Fallacy of Fee Income', by Robert DeYoung and Tara Rice (*Federal Reserve Bank of Chicago Economic Perspectives*, 2004, vol. 40) provide an excellent introduction to the functions of banks and sources of bank income. 'The Rise of the Originate-to-Distribute Model and the Role of Banks in Financial Intermediation', by Vitaly Bord and João Santos (*Federal Reserve Bank of New York Economic Policy*

Review, 2012, vol. 18) discusses the transition from financial intermediation to securitized banking. Kushal Balluck, 'Investment Banking: Linkages to the Real Economy and the Financial System' (*Bank of England Quarterly Bulletin*, 2015, quarter 1) describes the functions of investment banks. 'Benchmarking Financial Systems around the World' by Martin Cihák, Asli Demirgüç-Kunt, Erik Feyen, and Ross Levine (*World Bank Policy Research Working Paper*, 2012, no. 6175) describes the development of financial systems around the globe. *Unsettled Account: The Evolution of Banking in the Industrialized World Since 1800*, by Richard Grossman (Princeton University Press, 2010) provides a historical treatment of the evolution of banking since the 1800s. As well as a general overview, the book describes in detail the evolution of banking in England, Sweden, and the United States.

Chapter 2: Financial intermediation

Mark Farag, Damian Harland, and Dan Nixon's 'Bank Capital and Liquidity' (*Bank of England Quarterly Bulletin*, 2013, quarter 3) provides a good introduction to capital and liquidity management. In 'Understanding the Risks Inherent in Shadow Banking: A Primer and Practical Lessons Learned', David Luttrell, Harvey Rosenblum, and Jackson Thies (*Dallas Federal Reserve*, 2012) discuss risk in traditional and shadow banking. The changing nature of financial intermediation, and its role in the global financial crisis, is discussed by Tobias Adrian and Hyun Shin in 'Financial Intermediation and the Financial Crisis of 2007–2009' (*Annual Review of Economics*, 2010, vol. 2).

Chapter 3: Securitized banking

For an introduction to securitization, see Nicola Cetorelli and Stavros Peristiani, 'The Role of Banks in Asset Securitization' (*Federal Reserve Bank of New York Economic Policy Review*, 2012). See also Adrian and Shin cited for Ch. 2. A more detailed and advanced treatment is provided by Gary Gorton in his book *Slapped in the Face by the Invisible Hand: The Panic of 2007* (Oxford University Press, 2010) and his co-authored chapter 'Securitization' with Andrew Metrick, in *The Handbook of the Economics of Finance*, vol. 2, edited by George Constantinides, Milton Harris, and Rene Stulz (Elsevier, 2013).

Chapter 4: The central bank and the conduct of monetary policy

In their article 'Money Creation in the Modern Economy' (*Bank of England Quarterly Bulletin*, 2014, quarter 1), Michael McLeay, Amar Radia, and Ryland Thomas explain the role of commercial banks in the creation of money, and examine recent developments in monetary and interest rate policy, including quantitative easing. Ben Bernanke discusses the changing role of the US Federal Reserve over the past century in his article 'A Century of US Central Banking: Goals, Frameworks, Accountability' (*Journal of Economic Perspectives*, 2013, vol. 27). In 'The Bank of England as a bank' (*Bank of England Quarterly Bulletin*, 2014, quarter 2), Stuart Manning examines the services provided by the Bank of England to the UK government, commercial financial institutions, and other central banks.

Chapter 5: Regulation and supervision of the banking industry

David Llewellyn makes a persuasive case for regulating banks in his paper 'The Economic Rationale for Financial Regulation' (*Financial Services Authority, Occasional Papers Series*, 1999, no. 1). 'The Evolution and Impact of Bank Regulations' (*World Bank Economic Policy Paper* no. 6288, 2012) by James Barth, Gerard Caprio, and Ross Levine, examines the evolution and effectiveness of bank regulation in more than 125 countries. In 'Too Big To Fail: Causes, Consequences, and Policy Responses' (*Annual Review Financial Economics*, 2013, vol. 5), Philip Strahan examines issues of moral hazard in bank regulation. 'Market Discipline in Bank Supervision', by Mark Flannery in *The Oxford Handbook of Banking*, edited by Allen Berger, Phil Molyneux, and John O. S. Wilson (Oxford University Press, 2010) describes how information embodied in bank share and bond prices can be used to improve the supervision of banks.

Chapter 6: Origins of the global financial crisis

In 'Banking Crises: A Review' (*Annual Review of Financial Economics*, 2011, vol. 3), Luc Laeven analyses the causes and consequences of banking crises. Steven Radalet and Jeffrey Sachs survey the Asian financial crisis in 'East Asian Financial Crisis: Diagnosis, Remedies and Prospects' (*Brookings Papers on Economic Activity*, 1998). In 'Dealing with a Banking Crisis: What Can Be Learned from Japan's Experience?' (*Bank of England Quarterly Bulletin*, 2014, quarter 1), Benjamin Nelson examines policy responses to the Japanese banking crisis. John Turner in his book *Banking in Crisis: The Rise and Fall of British Banking Stability, 1800 to the Present* (Cambridge University Press, 2014) details the fortunes of the UK banking industry over two centuries.

Useful sources on the global financial crisis include 'Causes of the Financial Crisis' (*The Economist*, 7 September 2013), *The Bank for International Settlements 2009 Annual Report*, and 'Deciphering the Liquidity and Credit Crunch 2007–08' by Markus Brunnermeier (*Journal of Economic Perspectives*, vol. 23). There are many excellent books on the crisis, including: *The Fall of the House of Credit: What Went Wrong in Banking and What Can Be Done to Repair the Damage?* by Alistair Milne (Cambridge University Press, 2009); *Too Big to Fail: Inside the Battle to Save Wall Street*, by Aaron Sorkin (Allen Lane, 2009); *Fault Lines: How Hidden Fractures Still Threaten the World Economy*, by Raghuram Rajan (Princeton University Press, 2010); *All the Devils Are Here: Unmasking the Men Who Bankrupted the World*, by Joe Nocera and Bethany McClean (Penguin, 2010); *Misunderstanding Financial Crises: Why We Don't See Them Coming*, by Gary Gorton (Oxford University Press, 2012); and *The Shifts and the Shocks: What We've Learned and Have Still to Learn from the Financial Crisis*, by Martin Wolf (Penguin, 2014). Barry Eichengreen's *Hall of Mirrors: The Great Depression, The Great Recession, and the Uses and Misuses of History* (Oxford University Press, 2015) compares the global financial crisis with the Great Depression of the 1930s, while *Fragile by Design: The Political Origins of Banking Crises and Scarce Credit*, by Charles Calomiris and Stephen Haber (Princeton University Press, 2014) examines the politics of financial regulation. In 'Reading about the Financial Crisis: A 21 Book Review' (published in the *Journal of Economic Literature*, 2012, vol. 50), Andrew Lo provides a guide to reading about the crisis. The award-winning documentary *Inside Job*, directed by Charles H. Ferguson, covers the myriad of factors that contributed to the global financial crisis.

Chapter 7: The global financial crisis and the Eurozone sovereign debt crisis

The Euro Trap: On Bursting Bubbles, Budgets, and Beliefs (Oxford University Press, 2014), by Hans Werner-Sinn; and Philip Lane's 'The European Sovereign Debt Crisis' (*Journal of Economic Perspectives*, 2012, vol. 26) describe the sovereign debt crisis in Europe. See also references in further reading for Ch. 6.

Chapter 8: Policy and regulatory responses to the global financial crisis

Alan Blinder's book *After the Music Stopped: The Financial Crisis, The Response, and the Work Ahead* (Penguin, 2013) is a careful account of the policy responses to the financial crisis in the US. For discussion of the tensions between making banks safe while ensuring they continue to lend, see 'Making Banks Safe: Calling to Accounts' (*The Economist*, 5 October 2013). This short article draws on *The Bankers' New Clothes*: *What's Wrong with Banking and What to Do about It*, by Anat Amdati and Martin Hellwig (Princeton University Press, 2013). See also *The Shifts and the Shocks: What We've Learned and Have Still to Learn from the Financial Crisis*, by Martin Wolf (Penguin, 2014).

For accessible discussions of monetary policy since the crisis, see 'Quantitative Easing', by James Benford, Stuart Rey, Kalin Nikolov, and Chris Young (*Bank of England Quarterly Bulletin*, 2009, quarter 2); 'A Citizen's Guide to Unconventional Monetary Policy', by Renee Haltom and Alexander Wolman (*Federal Reserve Bank of Richmond Economic Brief*, no. 12-12); and 'Monetary Policy after the Crash' (*The Economist*, 27 September 2013). 'Basel III: A Primer. What's New in Banking Risk Regulation?' (*Capgemini*, 2014) describes developments in capital regulation.

John Vickers' chapter, 'Banking Reform in Britain and Europe', in *What Have We Learned? Macroeconomic Policy after the Crisis*, edited by George Akerlof, Olivier Blanchard, David Romer, and Joseph Stiglitz (MIT Press, 2014) provides an overview of banking reforms in the UK and Europe. 'The Dodd–Frank Act: Key Features, Implementation Progress, and Financial System Impact', by James Barth, Penny Prabha, and Clas Wihlborg (Milken Institute, 2015) discusses regulatory change in the US following Dodd–Frank. In 'Dealing with Financial Crises: How Much Help from Research?' (*Centre for Financial Studies Working Paper Series*, no. 481, 2014), Marco Pagano assesses the influence of academic research on policy since the global financial crisis.

“牛津通识读本”已出书目

古典哲学的趣味
人生的意义
文学理论入门
大众经济学
历史之源
设计，无处不在
生活中的心理学
政治的历史与边界
哲学的思与惑
资本主义
美国总统制
海德格尔
我们时代的伦理学
卡夫卡是谁
考古学的过去与未来
天文学简史
社会学的意识
康德
尼采
亚里士多德的世界
西方艺术新论
全球化面面观
简明逻辑学
法哲学：价值与事实
政治哲学与幸福根基
选择理论
后殖民主义与世界格局
福柯
缤纷的语言学
达达和超现实主义
佛学概论
维特根斯坦与哲学
科学哲学
印度哲学祛魅
克尔凯郭尔
科学革命
广告
数学
叔本华
笛卡尔
基督教神学
犹太人与犹太教
现代日本
罗兰·巴特
马基雅维里
全球经济史
进化
性存在
量子理论
牛顿新传
国际移民
哈贝马斯
医学伦理
黑格尔
地球
记忆
法律
中国文学
托克维尔
休谟
分子
法国大革命
丝绸之路
民族主义
科幻作品
罗素
美国政党与选举
美国最高法院
纪录片
大萧条与罗斯福新政
领导力
无神论
罗马共和国
美国国会
民主
英格兰文学
现代主义
网络
自闭症
德里达
浪漫主义

批判理论
电影
俄罗斯文学
古典文学
大数据
洛克
幸福
免疫系统
银行学

德国文学
戏剧
腐败
医事法
癌症
植物
法语文学
微观经济学

儿童心理学
时装
现代拉丁美洲文学
卢梭
隐私
电影音乐
抑郁症
传染病